AÑO 2020
EL ARCÁNGEL METATRÓN
Y OTROS SERES DE LUZ

ARANTZA IBARRA BASÁÑEZ

KOLIMA
BOOKS

Título original: *Año 2020. El Arcángel Metatrón y otros seres de luz.*

Primera edición: Febrero 2020
© 2020 Editorial Kolima, Madrid
www.editorialkolima.com

Autor: Arantza Ibarra Basáñez
Dirección editorial: Marta Prieto Asirón
Maquetación de cubierta: Sergio Santos
Maquetación: Lucía Alfonsín Otero

ISBN: 978-84-17566-98-2

ÍNDICE

1. AÑO 2012

La primera vez que tuve consciencia de que uno de mis sueños no tenía nada que ver con los demás fue el 21 de septiembre del año 2012. Esa noche noté que ese sueño tenía un mensaje oculto. Pero ¿cuál? Me ha costado ocho años poder entenderlo, pero al final he conseguido llegar a la respuesta.

A lo largo de este camino, constantemente me han guiado y enseñado cosas que nunca me hubiera imaginado. Algunas veces he necesitado recorrer el mismo punto desde diferentes perspectivas para poder entenderlo, otras veces simplemente no era el momento adecuado y no estaba preparada para comprenderlo.

El año 2012 fue un año complicado. No sabía por qué, pero me costaba andar sin perder el equilibrio. Los médicos no podían emitir ningún diagnóstico porque mis oídos estaban perfectamente, no había síntomas de vértigo. Las cervicales, como las de muchas otras personas que trabajan sentadas frente al ordenador, estaban un poco resentidas... ¿Tanto podían influirme a la hora de moverme por el mundo?

El simple hecho de levantarme de la cama o del sofá y salir a la calle me suponía un gran conflicto. Probé el yoga, la meditación, las flores de Bach, los registros akhásicos, mantras y un sinfín de terapias alternativas porque la medicina tradicional, a pesar de reconocer que el desequilibrio existía, no encontraba ningún atisbo de dolencia.

Siempre había sido un placer caminar por el paseo de la ría de Bilbao, pero ese año hacerlo se estaba volviendo cada vez más tortuoso. Intentaba ir pegadita a los bancos por si me caía. Caminar encorvada era lo único que me daba un poco de tranquilidad porque así estaba más cerca del suelo.

Aparte de las terapias mencionadas, probé con un osteópata, un fisioterapeuta, un quiropráctico, un reflexólogo. También con la acupuntura, la hipnosis, las constelaciones familiares y, cómo no, con un psicólogo. Siempre he creído que ir al psicólogo puede ser efectivo para la ansiedad, la depresión, el estrés y en general para tener una buena salud mental. Eso sí, es muy importante caer en buenas manos. Yo pasé por varios psicólogos diferentes y me costó conseguir estar a gusto con alguno.

Todo en general me ayudó y puedo decir que, aunque no me curasen el desequilibrio que sentía al caminar, sí consiguieron calmar mi ansiedad. El desequilibrio se fue solo, pero el porqué no lo entendí hasta más adelante.

2. EL SUEÑO

Recuerdo como si fuera hoy mismo que dormía en mi cama y a eso de las cinco de la mañana empecé a abrir un ojo. Me pareció sentir que había alguien allí y cuál fue mi sorpresa al descubrir que se habían juntado veinticuatro señores mayores a lo largo de mi cama. Todos me miraban fijamente. Abrí los dos ojos y vi que estaban vestidos con túnicas blancas. Algunos tenían barba blanca, otros eran calvos, otros llevaban bigote, pero todos tenían el pelo muy blanco. Me miraban muy serios y sentí que me querían decir algo. Notaba que era algo importante que me iba a cambiar la vida. También sabía que me darían consejos muy sabios. La verdad es que el tiempo discurría muy lentamente. A algunos señores les notaba que estaban muy preocupados y eso me angustiaba, pero no sabía cuál era el motivo real de sus preocupaciones y de repente desperté. Miré por todos lados y no había nadie. Solo mi pareja, que dormía plácidamente.

Ese 21 de septiembre del 2012 se me quedó grabado y no había un día en que no me preguntara qué me querrían decir.

A finales del año, mi pareja decidió romper la relación y estuve mucho tiempo pensando que esos señores mayores me estaban avisando de esa ruptura. ¡Qué equivocada estaba!

3. DORMIDA

En el año 2013, poco a poco empecé a estabilizarme; las terapias alternativas y una psicóloga me ayudaron bastante, pero el estrés empezó a invadir mi cuerpo con tanta fuerza que no me di cuenta de ello hasta muy tarde.

El 2014 fue el punto más álgido en cuestiones de trabajo y eso iba muy a la par con el desgaste energético que suponía. No tenía tiempo para mí y mucho menos para sentir y hacer caso a lo que estaba sucediendo.

Nuevas ilusiones, nuevos proyectos y sobre todo trabajo y trabajo era lo que tenía en mente y eso implicaba no prestar atención a lo que me estaba ocurriendo. Intentaron pararme con una úlcera, una rotura de muñeca, de costillas, una hernia de hiato, pero yo seguía dormida en esa dinámica en la que me había sumergido, y así llegó el 2015.

Compaginar dos trabajos, nuevos proyectos, familia, amigos y vida social estaba siendo frenético, pero sobre todo cuando hay algo dentro de ti que te está frenando. Cada vez me notaba más y más agotada, pero el poco tiempo que tenía de ocio quería dedicarlo a conocer nuevos sitios y aparcaba el cansancio y el desgaste para luego.

Ese septiembre del 2015, unos análisis de sangre rutinarios me hicieron parar de golpe. Estaba a punto del desmayo con una anemia de caballo que según el médico requería una transfusión y una ferritina de libro. En palabras textuales del médico, «era una vampira andante».

A raíz de ese parón, tuve tiempo de ir a los médicos especialistas y descubrir que tenía miomas. De ahí que ese desangrar continuo hubiera podido conmigo.

El tiempo se detuvo en todos los sentidos y ya no tenía tiempo para nada ni para nadie. Simplemente quería estar conmigo misma y escucharme.

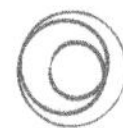

4. EL DESPERTAR

Nunca olvidaré la palabra que apareció en mi mente. Esos últimos meses del 2015 los dediqué a meditar y a aprender las runas y radiestesia mientras esperaba que mi periodo desbocado cesara para que por fin me pudieran hacer una biopsia.

En una de esas meditaciones, estaba tranquilamente en mi habitación cuando apareció su nombre. Era la primera vez que leía ese nombre y no sabía lo que significaba. Cogí mi móvil, lo escribí en un buscador y esperé a ver los resultados.

El buscador hablaba de un gran cometa que había aparecido en septiembre del 2012 y había colisionado con el Sol en noviembre del 2013. Pero ¿qué tenía que ver ese cometa conmigo? ¿Por qué se me había aparecido su nombre?

Aun así me maravilló que la palabra que había aparecido en mi cabeza existiera y que fuera un cometa de verdad. Siempre me habían interesado los planetas, las estrellas y todo lo relacionado con el espacio.

«Ison» era desde entonces mi palabra preferida, mi amigo, mi aliado, y así empezó nuestra comunicación. Algunas veces desaparecía y yo estaba muchos días sin saber nada de él, pero siempre volvía.

Aprendí que tenía que estar muy atenta para percibir las señales y así me fui dando cuenta de todas las cosas que nos quieren decir o de las que nos quieren avisar sin que nos demos cuenta. Una sola canción en un momento dado puede estar diciéndote algo de lo que en esa situación estás buscando. Una palabra o la frase de un cartel o anuncio, o de una revista que leas en ese instante, te puede remover todo lo que estabas aparcando. Sabía que las runas eran unos símbolos ancestrales que guardaban grandes secretos. Se decía que eran signos que el Universo utiliza para comunicarse con nosotros y ayudarnos. Y así las señales empezaron a formar parte de mi vida.

En mis largas charlas con Ison hubo un poco de todo. Dudas sobre la vida, el Universo, negativas a contestar preguntas personales y omisiones a otras cuestiones que, según él —utilizo el artículo masculino por la palabra cometa—, yo no estaba preparada para conocer.

Esos últimos meses del año avancé muchísimo con las meditaciones y poco a poco fui abriendo la glándula pineal. Eso me ayudó a poder visualizar en el centro de mi frente imágenes que no llegaba a entender. Todo apuntaba a que mi tercer ojo, así lo llaman, se estaba despertando. Había oído hablar mucho sobre él; los hindúes, a los que siempre he considerado mucho más avanzados espiritualmente, se pintan en la frente el punto rojo donde se encuentra el tercer ojo. Hay muchas maneras de referirse a él, pero yo utilizaré este término. Con él podía viajar y llegar a visualizar nuevas dimensiones que con los ojos físicos no podía.

Tengo que hacer un paréntesis para subrayar que no consumo ni consumía ninguna droga, ni estaba medicándome con ninguna sustancia que alterara mis percepciones. Y en esos años anteriores, cuando acudí a la psicóloga, ella siempre me había considerado una persona que no padecía ningún desequilibrio mental que alterara mis percepciones.

Volviendo a lo que os contaba del tercer ojo, la mayoría de las veces necesitaba preguntar a Ison qué significaban todas esas imágenes que aparecían en mi mente, pero él me insistía en que tenía que descubrirlas yo misma.

Fue en esas visualizaciones cuando me dijo que iba a estar ausente una temporada. No sabía cuánto pero también me tranquilizaba diciéndome que no iba a estar sola. Yo en esos días me preguntaba si volvería a hablar con él. Noté un vacío terrible y lo viví como una ruptura o separación.

Ese mes avancé con las pruebas médicas y me concentré en ellas. Conseguí hacerme la biopsia y por suerte me confirmaron que los miomas no eran malos. Ahora tocaba recuperarme para más adelante poder operarme.

Pasaron más o menos quince días cuando recibí la visita de un nuevo ser. En este caso le llamo ser porque tenía claro que era un ser de luz. Era un ser de luz que había vivido en la Tierra y que ahora estaba guiando y enseñando a la gente.

5. LEMURIA

En el denominado «Bosque de Piedra» de Juli, Puno en Perú, se encuentra una puerta llamada Aramu Murú, o también Hayu Marca, «Ciudad de los Espíritus» o «Puerta de los Dioses». Esta puerta tiene muchas leyendas, pero el ser de luz que me acompañaba tenía ese mismo nombre, Aramu Muru.

Las leyendas hablaban de él como si fuera un chamán, un sacerdote y muchas más cosas, pero según él todos tenían algo de razón. Yo no conseguía entender cómo podía haber sido humano en diferentes épocas y países. Según las leyendas del imperio inca, Aramu Muru era un indio inca que practicaba diferentes rituales en su tribu para poder conectar con los ancestros y los espíritus. Era como un chamán y la mayoría de las veces conseguían entrar en trance; así se comunicaba con sus dioses.

Aramu Muru me hablaba de su pasado como sacerdote en una ciudad muy grande y avanzada en la que vivió. Esa ciudad se llamaba Mu y se encontraba en Lemuria. Hoy en día no existe, pero muchas veces hemos oído hablar de ella y yo había leído y visto muchas películas de ficción sobre esas tierras desconocidas. Siempre había pensado que eran fruto de la imaginación de los escritores, aunque no dejaba de preguntarme de dónde sacaban esas ideas tan maravillosas.

Lemuria, para los que no lo sabéis, es el nombre de un antiguo continente que fue bautizado así por unos científicos franceses, pero especialmente por el geólogo inglés Philip Sclater, al que le extrañaba que hubiera lemures tanto en la India como en el sur de África y por ello pensaba que debía haber otro continente que se había perdido en el fondo del Océano Índico.

Aramu Muru me enseñó mucho sobre su tierra. Mu era la ciudad de Lemuria, un continente inmenso en el que África y Asia estaban unidos. Hubo una gran parte de Lemuria que se hundió bajo el mar, pero la otra parte evolucionó y se convirtió en la gran Atlántida, una isla mítica mencionada y descrita en los diálogos *Timeo* y *Critias* del filósofo Platón. Eso sí, en este caso en el Océano Atlántico. El poderío de la Atlántida fue tal que llegó a dominar el oeste de Europa y el Norte de África hasta ser detenida por la ciudad de Atenas.

Más adelante la Atlántida también se hundiría y hoy en día algunos investigadores siguen buscándola.

Curiosamente, Aramu Muru había vivido en la ciudad de Mu de Lemuria. Me dijo que había sido derruida, pero no hundida. Esa ciudad que hace tiempo fue de Lemuria hoy forma parte de Asia y la conocemos con el nombre de Birmania.

Toda Birmania era la antigua Mu de Lemuria, una ciudad que crecía en esas tierras y rocas que todavía hoy podemos pisar. De norte a Sur: Mandalay, Monte Popa, Lago Inle, Bagan, Yangón y Shwedagon.

Aramu Muru y otros seres de luz están intentando comunicarse con muchos de nosotros para que todos nos unamos y con nuestras vibraciones podamos conseguir elevar esas tierras hundidas y perdidas de Lemuria y la Atlántida. Desde el sur de América hasta la zona de Asia y un poco de Europa, están esperando que algún día puedan salir a flote.

Ellos, los seres de luz, intentan conectarse con nosotros para mover esas tierras, pero necesitan de más energía para llevar este propósito a cabo, y la unidad, el amor y nuestra voluntad son primordiales para conseguirlo.

6. AGARTHA

La comunicación con Aramu Muru me había parecido impresionante por ser la primera vez en que era consciente de lo que me estaban enseñando y guiando. Muchos de nosotros tenemos la oportunidad de aprender cosas que pensamos que han aparecido en nuestras vidas por casualidad, pero nada es casual. Estamos rodeados de seres de luz. Algunas veces, una simple caída, que aparentemente es algo negativo, puede encerrar una enseñanza de algún guía que te está diciendo que pares y no sigas por ese camino.

Después de varios días tuve otra visita. Esta vez era alguien que no conocía. Me decía que había sido un filósofo espiritual y sabio de la astronomía. Había vivido en la misma época y coincidido con Yeshúa y María de Magdala, pero él venía de Europa. Se hacía llamar Gaspar y sus habilidades para conectar con los seres de luz le habían hecho ir hasta Jerusalén. Me contó que a raíz de su viaje se crearon muchas leyendas de diferentes estilos y que la más conocida era la de los Reyes Magos. Eso me hizo recordar que, en esos días previos a su visita, yo todo el tiempo había estado teniendo visiones de ellos y no paraba de encontrarme cualquier tipo de imagen, texto o fotografía que tenía que ver con ellos. No solo se acercaban las Navidades, sino que su nombre se me iba apareciendo de diferentes maneras, en personas que iba conociendo, libros, revistas o películas e incluso en cuadros de pinturas que fui encontrando por «casualidad». Según Gaspar, las leyendas siempre contienen algo de verdad y en este caso había tres cosas que eran ciertas. Una era que el cometa y los seres de luz le habían guiado hasta Yeshúa, María de Magdala y los demás, la segunda que ocurrió el 5 de enero y la tercera que venía de Europa.

Lo curioso de Gaspar fue que no me vino a hablar de Yeshúa, sino de Agartha. Igual que de la Atlántida, había leído relatos fantásticos sobre ella, la tierra hueca. Cuenta la leyenda que se trata de un reino formado por numerosos corredores subterráneos que conectan ciudades situadas bajo la tierra habitadas por seres muy avanzados que guardan el rumbo de la evolución del planeta.

Gaspar me habló de ese mundo que está bajo la tierra, pero que no es un mundo físico. En él habitan espíritus libres o conciencias que no son seres de luz. Algunos de ellos se agrupan y otros van por libre, pero dentro de ese mundo han creado la ciudad de Shambala. Todos ellos están muy preocupados porque los humanos no cuidamos bien la Tierra. Ellos quieren tener toda su Tierra como debe ser; la naturaleza es primordial para ellos y cada vez más perciben que la Tierra donde están empeora. Por eso Gaspar quiere enseñar a la gente la preocupación de Agartha por que cuidemos mejor nuestra Tierra.

Las historias de Agartha, Lemuria y Mu me llevaron poco a poco hasta finales de diciembre del 2015. Esas Navidades me parecieron más mágicas que nunca y el motivo fue la aparición de alguien muy especial.

7. EL ARCÁNGEL GABRIEL

Las imágenes de caballos blancos con alas y el resplandor impresionante de luz aparecían en mi mente de madrugada en las Navidades del año 2015. Veía oro por todas partes y sentía mucho calor y amor en todo mi cuerpo.

Por la mañana, me dijo que era el Arcángel Gabriel. Al principio me costó creerlo porque pensaba que los ángeles eran seres de leyenda y de las historias que se habían ido creando a partir de pequeñas realidades. Nunca me hubiera imaginado que el Arcángel Gabriel existiera y menos que se me aparecería, aunque no lo hizo físicamente. Bueno, en realidad, aunque no me lo dijeran con certeza, estaba segura de que de alguna manera hasta se me había aparecido físicamente.

Sobre él sabemos muchas cosas que hemos leído y le hemos visto en muchas pinturas como en la que aparece arrodillado frente a la Virgen María ofreciéndole un lirio. Su nombre significa «Dios es mi fortaleza», «la fuerza de Dios» u «Hombre de Dios». Últimamente, antes de que me visitara el Arcángel Gabriel, la imagen del lirio se me estaba apareciendo. Normalmente todas las visitas de los seres de luz llevan aparejadas muchas señales que te van avisando de su llegada.

El Arcángel Gabriel me contó que era un ser de luz como todos nosotros, pero con la diferencia de que él nunca había sido humano. Estaba en lo más alto de la jerarquía de la luz y junto con otros arcángeles llevaba el orden y el equilibrio entre los seres de luz.

Lo que más me gustó descubrir fue que de verdad tenía alas para volar, no físicas pero alas. Al parecer, todos los seres de luz tienen esas alas. En ese momento, justo cuando me estaba contando eso, empecé a notar un hormigueo en los dos omóplatos. Parecía como si me quisieran salir dos alas. Esa fue su manera de explicarme que todos los seres humanos hemos sido seres de luz con capacidad para volar sin nuestros cuerpos, pero que hemos olvidado esa parte divina.

Todo lo que me contaba me parecía tan interesante que estaba deseando hacerle un sinfín de preguntas, pero cuando me quise dar cuenta ya se había ido.

Estuve varios días pensando en la visita del Arcángel Gabriel. No sabía si su visita tenía que ver con esa época, o si me quería decir algo con el hecho de haber venido en ese momento. Esa Nochebuena estaba cenando con mi familia y tenía a mi hermano mayor a mi derecha, que no paraba de mirar a un lado y al otro. Le pregunté qué le pasaba y me dijo que no se atrevía a decírmelo. Yo le reté a que lo hiciera y le comenté que ya me imaginaba qué sería. Él me dijo:

—¿En serio?

A lo que yo le contesté:

—¡Prueba!

Entonces mi hermano se atrevió a contarme que alguien le había tocado el hombro pero que no sabía quién. Yo le dije que le creía y que hay seres de luz que nos visitan. Él se quedó sorprendido con lo que le dije. En ese instante sintió otra vez que le tocaban en el otro hombro y, al girarse, su hija que estaba a ese lado tiró sin querer la botella de vino tinto y derramó todo el vino en el suelo. Mi hermano me dijo que era como si le hubieran avisado de que se iba a caer la botella.

Todos nos quedamos emocionados. Esa botella de vino rota calmó los nervios y los gritos de mis sobrinas y a partir de ahí la cena se alargó tranquila y plácidamente.

8. ISON

El 2016 empezó con mucha fuerza y optimismo porque Ison volvió a ponerse en contacto conmigo. Llevaba varios días que había recuperado la fuerza, pero todavía estaba pendiente de poner fecha para la operación. Justo entonces, curiosamente me entró un mensaje privado en Twitter de un usuario al que no conocía. Ese mensaje contenía un curso de Reiki a distancia que tenía muy buena pinta. Ison me confirmó que me lo habían enviado ellos. (Esto no significa que él tenga un ordenador, sino que le había dicho a alguien que lo hiciera). Enseguida me apunté y empecé a hacer el primer curso de auto Reiki. Según Ison, el Reiki me podía ayudar con los chakras para sanarme. A través de los chakras se intenta mantener el flujo ascendente de energía desde el chakra base o Muladhara. La energía de los chakras puede purificarse y desbloquearse mediante la respiración y la meditación, utilizando vibración, imágenes o sonidos para activarla.

En mi caso, el primer chakra o Muladhara había formado esos miomas. Muladhara significa «fundación» y está ubicado en el plexo pélvico, entre el ano y los genitales. Nacimiento físico, manifestación de la conciencia única en forma humana y morada de la Kundalini, «la serpiente» en reposo, situada en la base de la columna, que es la fuerza de la energía.

Los chakras no están en nuestro cuerpo biológico o físico, pero sí en el energético o, como le llama Ison, en el cuerpo astral.

Todavía no hay ni un solo día en que no me acuerde de lo que sucedió esa noche en la que terminé con el auto Reiki. Esa noche estaba a punto de dormirme cuando escuché un ruido que me despertó. Miré por todos los lados y de repente aparecieron tres esferas de luz en el techo. Al principio creí que era la luna que podía entrar por algún hueco entre las persianas, pero me quedé impactada cuando esas tres esferas de luz empezaron a aumentar y aumentar. Sabía que Ison tenía algo que ver, pero parece ser que no en todo. El Arcángel Gabriel antes de irse había ayudado en algo e Ison así me lo confirmó. Comencé a sentir una especie de hormigueo y energía positiva en mi cuerpo. Esa noche no dormí nada y estuve mirando fijamente esas esferas luminosas totalmente hipnotizada. El Arcángel Gabriel sí que se había manifestado físicamente.

Al día siguiente Ison me explicó que esas esferas de luz eran visibles por la mezcla de nitrógeno y gas. La verdad es que la química siempre me había parecido atrayente, pero al no tener estudios específicos sobre ello no entendí el proceso.

Para mí lo importante era que me encontraba mucho mejor. Sentía que los miomas habían desaparecido o se habían reducido. Enseguida llamé a la ginecóloga y le dije que quería hacerme de nuevo otra ecografía. Ella me decía que hacía un mes solo que me había hecho una y que no se necesitaba otra, pero al tener un seguro privado e insistir, accedió. No se me olvidará nunca la cara que puso cuando vio que los miomas habían desaparecido y que solo quedaba uno que se había reducido bastante.

Con esa buena noticia me encontraba mejor y empecé a recuperar la marcha. Pero el trabajo no había cambiado y seguía siendo estresante. Estaba muy a disgusto, y en vez de a mejor, había ido a peor.

9. MARÍA DE MAGDALA

La dinámica del día a día había vuelto a las andadas, pero eso no impedía que yo siguiera dedicando tiempo a estar en contacto con Ison.

Una noche, de nuevo dejó de responderme, pero cuál fue mi sorpresa cuando entablé comunicación con otro ser de luz. Esta vez era María de Magdala. ¡Qué mujer más interesante!

Hemos oído hablar mucho sobre ella; la Iglesia católica durante siglos la tachó de adúltera y prostituta. La integración de las referencias bíblicas e históricas con los recientes descubrimientos arqueológicos hechos en Magdala —hoy en día Migdal, Israel— han permitido reconstruir parte de su perfil y se están acercando más a la verdad. Su nombre hace referencia a su lugar de procedencia, Magdala, situado en la costa occidental del lago de Tiberíades cerca de Cafarnaúm. Es considerada santa por la Iglesia católica ortodoxa y la comunión anglicana, y es mencionada, tanto en el Nuevo Testamento como en varios Evangelios apócrifos, como una distinguida discípula de Jesús de Nazaret o Yeshúa. Pero María de Magdala fue mucho más que una discípula. Ella, al igual que Yeshúa,

Juan y los demás, les abrió el camino a muchos para guiarlos a la luz, a Dios.

María de Magdala me contó que ella y su familia habían llegado de Egipto porque su madre era de allí, pero toda su vida estuvo en Israel. Era de una familia adinerada y se había instruido en todo lo concerniente a la diosa Isis. Ella transmitía su sabiduría al resto y para aquella época era una mujer muy moderna. Eso no gustaba al mundo machista que la rodeaba.

Ella me enseñó cosas sobre la diosa Isis. Hasta entonces había oído y leído poco sobre ella, pero a partir de sus conocimientos me empezó a interesar cada vez más. Parece ser que María era una sacerdotisa y maga que seguía las enseñanzas de Isis y también practicaba la clarividencia. Aunque había una cosa más importante que todo eso: era una gran sanadora.

María de Magdala iba con Yeshúa sanando a la gente y enseñando el camino para estar más cerca de Dios. Era una mujer muy diferente del resto y tenía mucho carácter, por eso algunos que la rodeaban le tenían miedo y envidia y no dudaron en ningunearla y confabular contra ella, pero ella ha venido para recuperar el lugar que le corresponde y para que todo el mundo sepa la verdad sobre ella.

La imagen con la que me visitó María de Magdala fue con una cruz caída, para anunciarme y explicarme lo que esta significa. La cruz caída nos habla de los seres de luz en la Tierra. Nos anuncia que van a contactar con todos los que van a abrir el camino a Dios como hicieron ellos. María de Magdala nos anuncia que están para ayudarnos a abrir el camino al resto de los humanos y ella es la que tiene esa misión en esta nueva era: La Anunciación.

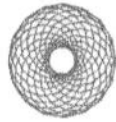

10. CAMBIOS

El 2016 y el 2017 fueron años de muchos cambios. Dejé el trabajo, encontré otro, hallé un nuevo amor y, lo que no me hubiera imaginado nunca, cambié mi querida ciudad, Bilbao, para irme a Pamplona.

Tenía muchos miedos e incertidumbres. Empezar de cero era un reto para mí, pero poco a poco, echando de menos a mi gente, mi familia y Bilbao, me fui sintiendo libre y plena.

En Pamplona conocí de la manera más tonta a unas personas que compartían mis inquietudes por buscar el camino a la luz. En realidad no fue en Pamplona, sino en una tranquila y mágica localidad de Navarra de la que en este libro no hablaré hasta que el lugar esté preparado para ello. Esa localidad nos unió tanto que seguimos juntándonos ahí cada vez que queremos encontrarnos a nosotros mismos y sentir la unidad.

En esos años, poco a poco encontré la estabilidad, pero un día tuve un sueño que parecía extremadamente real y que me dejó muy preocupada. Estaba viendo Nueva York hundirse y desaparecer poco a poco. No entendía qué significaba todo eso, pero al día siguiente tuve una nueva visita. Hacía mucho que no tenía visitas y me costó descubrir de quién se trataba, pero recordando el sueño me confirmó que lo que había visto me lo había proyectado él.

11. EL PROFETA DURMIENTE

Edgar Cayce había sido muy conocido para mucha gente. En mi caso, solo había oído hablar de él por las profecías que salían en algunas de las revistas que había leído sobre el más allá, ocultismo, esoterismo y misterios sin resolver. Fue un médium estadounidense que decía poseer la habilidad de responder preguntas sobre temas tan diversos como la sanación, la reencarnación, la inmortalidad, la espiritualidad, guerras y acontecimientos futuros, mientras se encontraba en un estado hipnótico de trance. De ahí que le llamaran «El profeta durmiente». Murió en 1945 y fundó la Asociación para la Investigación y la Ilustración dedicada a la aplicación práctica de sus creencias psíquicas, que contaba con un hospital y una universidad.

La gente conocía más a Nostradamus, pero Edgar Cayce había escrito muchos libros de sus vivencias con pacientes que había tratado con hipnosis. Me pareció muy curioso saber que él había escrito sobre Lemuria y que había conectado con muchos seres de luz en su última vida humana.

El motivo de su visita era una de sus profecías. Me explicó que cuando fue humano ya había profetizado el hundimiento de Nueva York y deseaba recalcarme que, aunque todavía no había ocurrido, quería que todo el mundo recordara que él informó sobre esa profecía que seguía pensando que podía ocurrir.

Hasta ese momento ninguno de los seres de luz que me habían visitado me habían hablado sobre el futuro. Creo que el libre albedrío existe y predecir lo que va a ocurrir dentro de un tiempo es algo que debe ser complicado, pero él insistía en que se tuviera en cuenta su profecía.

Su visita no duró mucho, pero aquella información me creó mucha incertidumbre y dudas sobre el destino o el tiempo.

Esas dudas intenté solventarlas con Ison, pero él me decía que no podía informarme sobre ello.

De niña siempre había creído que existía el destino y que el tiempo no existía, pero ¿y si el tiempo es lo que sabemos y no hay destino? ¿Todo es libre albedrío? ¿Hagas lo que hagas es cuestión de suerte y de lo que construyas? Tenía claro que los seres de luz podían ayudar en muchas cosas, aunque no como había imaginado, que eran todopoderosos, que podían predecir el futuro y saber todo lo que va a ocurrir porque todo está programado. Por una parte, el hecho de que no estuviera todo dictado nos daba mucha libertad, pero por otra parte era demasiada responsabilidad para nuestro presente y posible futuro.

Siempre he sido muy curiosa y he querido saber los secretos del Universo, pero parecía que había que esperar.

12. EL REY SALOMÓN

A mediados del 2017 fui unos días a Toledo, una ciudad con mucha historia y encanto. Recorriendo sus iglesias y ruinas tuve muchas señales que me conducían a los años 965 y 928 a. C. en Jerusalén. De una manera casual llegué a una pequeña tienda que tenía unas curiosas reliquias y estando allí vi una colección de minerales que despertaron mi curiosidad. De pequeña coleccionaba minerales y unos días antes mi amigo Jon me había regalado una peculiar piedra que según él había sentido que me tenía que regalar porque me iba a ayudar a descubrir muchas cosas. Ahí estaba yo, en la tienda, mirando esos minerales y vi una que me llamó la atención particularmente. Sin pensarlo dos veces, compré el mineral verde llamado malaquita y estuve toda la noche mirándolo atentamente. Ahí fue cuando tuve su visita. Era el Rey Salomón, conocido por ser el rey de Israel, hijo de David. Durante su reinado se construyó el primer templo de Jerusalén y es considerado el monarca más sabio y justo de la historia en Israel. Su sello, el hexagrama, también conocido como «La Estrella de David», es la piedra angular del judaísmo, símbolo del «*Hagia Sophia*» –Sabiduría Divina– que reinó durante 40 años en Israel y ha pasado a simbolizar la unión de la conciencia y el inconsciente. Dos triángulos, uno con el vértice hacia arriba que representa la conciencia, la sabiduría, lo divino, mientras el triángulo invertido se vincula al mundo del inconsciente, las tinieblas, la oscuridad y lo negativo. Según el Rey Salomón, esa fue una enseñanza que le comunicó el Arcángel Gabriel y con ella pidió que le hicieran su anillo.

El Rey Salomón tiene muchas historias relacionadas con el anillo y el templo, pero sobre todo de las numerosas luchas que causaron estos. No pude evitar preguntarle si tenía algo que ver con la adquisición de la piedra y si yo tenía que aprender algo sobre él. El Rey Salomón me dijo que no tuviera prisa en querer saberlo todo, pero me confirmó que su aparición sí tenía que ver con la compra del mineral. Mi historia con las piedras no había hecho más que empezar y a lo largo de los años estas iban a ser cada vez más importantes en mi vida. Me pidió que sintiera la piedra porque con ella podía ir a donde él hubiera estado. Cogí la piedra, cerré los ojos y empecé a visualizar en el tercer ojo unos sitios y personas que nunca había visto. Le pregunté por esos sitios, que cuáles eran y me contestó que tenía que averiguarlo yo sola. No sabía de qué sitios se trataba, ni de qué gente.

Al día siguiente probé de nuevo y esta vez me llevó a un sitio más parecido a lo que veo habitualmente, aunque seguía sin poder descifrar dónde estaba el lugar, ni de qué personas se trataba. Esa vez vi a un chico joven y lo más curioso fue que sus ojos me recordaban muchísimo a alguien. Tanto que me hacía pensar que era yo con otro cuerpo y otra cara. El Rey Salomón me dijo que efectivamente era yo. Y yo me preguntaba, ¿cómo puedo ser yo? ¿En una vida pasada? ¿Pero existe la reencarnación? Mi educación cristiana y mis vivencias personales me hacían difícil poder creerlo, pero últimamente no dejaba de pensar en esa posibilidad. Todo encajaba con lo que me estaba pasando y así aprendí a creer en la reencarnación. Algo que yo me estaba negando constantemente sin ningún otro motivo que lo que el cristianismo nos ha transmitido.

13. VIDAS PASADAS

En años anteriores, las constelaciones familiares que había realizado me habían hablado mucho de vidas pasadas y de la meditación budista, pero hasta la visita del Rey Salomón no lo había interiorizado por mi educación y creencias cristianas. Ison me habló de la reencarnación y me dijo que todos los humanos llevamos muchísimas vidas vividas, pero que al nacer en otro cuerpo olvidamos todo.

Después de creer y entender la reencarnación, empecé a hilar muchas cosas a las que antes no les encontraba lógica. Historias de diferentes personas que solo podían tener conexión a través de la reencarnación. El mismo Aramu Muru me había hablado de Lemuria y de Perú como si se tratara de la misma persona y hasta que no apareció el Rey Salomón no conseguí entenderlo. Ahora sabía que Aramu Muru había sido sacerdote en Lemuria y en una vida posterior había pertenecido a una tribu del imperio inca en Perú. En su última vida había conseguido contactar con los seres de luz y recordar algunas de sus vidas, como la que vivió en Lemuria, en la ciudad de Mu, antes de hundirse. Él hablaba de Mu y de su vida pasada a sus familiares y amigos en Perú y por todo lo que enseñó y contó fue muy conocido en su tierra.

En la época de María de Magdala, Yeshúa, Juan y los demás, todos hablaban de la vuelta después de la muerte, pero por diferentes creencias del momento y del lugar no se quiso plasmar, ni escribir para la posteridad nada sobre ello. Todo lo relacionado con la reencarnación se omitió y se transformó en acciones místicas y mágicas que solo una persona divina podía hacer con la resurrección.

Ison me contó que todos los humanos somos divinos y tenemos esa capacidad de morir y poder volver a otra vida. Lo que no podemos es volver a la luz o a Dios así como así. Las jerarquías de la luz no dejan al libre albedrío la vuelta a otro cuerpo ni a la luz. Más adelante os contaré más sobre las jerarquías que hay.

14. LA DIOSA ISIS

La visita del Rey Salomón me tuvo mucho tiempo revuelta. Estuve muchos meses comprando minerales y explorando mundos y personas con las que viajaba, hasta que poco a poco me fui relajando y volviendo a mi vida, al presente.

Viajar y ver cosas agradables, y no tan agradables, de otros países y épocas era muy interesante, pero me hacía alejarme demasiado de mi encarnación reciente. Esa noche decidí centrarme en el presente y al acostarme escuché una voz como si hubiera alguien que estuviera hablando a mi lado, pero no podía ser porque mi pareja todavía no había llegado a casa. Lo que escuché me dejó impresionada:

—Dentro de veinte días llega Isis.

Al día siguiente lo seguía teniendo en mi mente y le pregunté a Ison si me podía decir algo sobre ello, pero no hubo suerte. Tenía que averiguarlo yo sola. María de Magdala me había hablado y enseñado muchas cosas sobre la diosa Isis, pero ¿significaría esto que vendría ella misma a visitarme? La emoción me invadió muchos días y conté los veinte días meticulosamente para cerciorarme de que no se me pasara ni un solo momento de estar con ella.

Pasaron los veinte días y al fin pude hablar con ella. Era un ser de luz lleno de bondad y ternura; muchas historias que nos han contado se han basado en ella, como la de la Virgen María. Los primeros cristianos asimilaron el culto de Isis al de la Virgen María dándole su faceta maternal y protectora. También relacionaron la famosa iconografía de la Virgen María con el niño Jesús en brazos.

Isis es el nombre griego para la diosa egipcia Ast, trono en español, y es representada como una mujer con un trono en su cabeza. La primera vez que se mencionó a la diosa Isis fue en escritos que datan del 2300 a. C. en la V dinastía del Imperio Antiguo de Egipto.

La diosa Isis me habló mucho de la Creación, del amor a los hijos, de dar, de generosidad, de educar y sembrar su semilla de una manera no biológica sino en el sentido más amplio de la palabra, de proyectar, crear y enseñar. Con ella aprendí a querer ser madre y a querer proyectar, crear y dar de mí todo lo que pudiera.

La visita de Isis dejó una semilla en mí que creció poco a poco hasta que tomé la decisión de ser madre.

15. LA LLAMA VIOLETA

No pasó mucho tiempo hasta la siguiente visita. Esta vez no era un ser de luz, sino un ser cósmico llamado Arturo, de la llama violeta. Según lo que le entendí, ahora estamos en la llama de ese color en el que está él. Arturo se puede proyectar y enseñarnos su fisionomía, que es muy andrógina. Hay siete llamas y en la era astral en la que nos encontramos estamos en la suya.

Sobre las siete llamas y sus seres cósmicos hay mucha información en nuestra Tierra para los que están interesados, que seguro que podrán enriquecerse con ello.

En mi caso solo me voy a basar en lo que él me dijo. Arturo es un Elohim y no un ser de luz. La luz y la vibración de los Elohim están en todo el Universo y, como suele pasar muchas veces, algunos de ellos quieren ayudar y otros no están nada interesados en nuestra Tierra, ya que les parecemos bastante desagradables por como nos comportamos y, a decir verdad, no están muy lejos de la realidad porque todos sabemos que algunos humanos pueden llegar a ser muy inhumanos.

Arturo me enseñó a mirar de diferente manera. A conectar con mis reencarnaciones anteriores sin necesidad de descifrar países y personas. Simplemente mirándome a los ojos, meditando, podía llegar a ver todas las fisionomías que había tenido mi cuerpo astral en otras vidas. Vi orientales, indios, blancos y un montón de diferentes personas; todas ellas tenían algo en común: la mirada.

Arturo apareció con esta enseñanza en mi vida sin ningún aviso, pero luego me di cuenta de que antes de que viniera me habían llegado un montón de señales que me llevaban al rey Arturo y al color lila. Más adelante recordé todas las señales y supe que no les había hecho caso.

16. EL GUARDIÁN

A finales del 2017 había empezado a quedar con Jon y con Delma para estar juntos en unidad y buscar el amor y la paz que emanaban las energías que encontrábamos en diferentes sitios mágicos del pueblo de Delma. Cada sitio nos decía algo nuevo. Había mucho trabajo para sanar energías y para ayudar a los espíritus que estaban atrapados y estancados en algunas zonas.

Un día quedamos los tres para ir a la cripta. Ellos ya habían estado, pero para mí era la primera vez. De repente notamos una energía impresionante que nos invadía y justo en ese instante llamaron a Delma porque se habían ido todas las luces del pueblo. Delma se marchó a ayudar a su familia, pero Jon y yo nos quedamos sintiendo la fuerza que nos transmitía ese sitio. Estuvimos sentados un buen rato y cuando nos levantamos y nos agarramos de las manos, me pasó algo que no olvidaré en mi vida. Tenía los ojos abiertos y Jon ya no conservaba su imagen; alguien estaba usando su cuerpo para proyectarse. Era un hombre moreno, rudo, con barba y melena; lo opuesto a Jon, que era más rubio, con ojos claros y rasgos tiernos y suaves. Al ver a ese hombre me asusté y le dije a Jon que estaba viendo a otro. Él me relajó y me dijo que estaba conmigo y que no me preocupara y me agarró más fuerte las manos. El hombre que veía parecía de otra época pero no podía descifrarlo porque estaba vestido de forma bastante neutral. Intenté relajarme, pero tenía miedo de cómo salir de esa visión. ¿Y si no podía salir de esa dimensión en la que había entrado? El hombre que veía estaba en el cuerpo de Jon, pero él seguía hablándome con su voz. Era Jon, pero yo veía a otra persona. En cambio Jon estaba súper calmado y relajado porque sentía unas alas que le hacían flotar.

Consiguió tranquilizarme y poco a poco intenté mirar a ese otro hombre. Él, al verme, me medio sonrió y me señaló con su mirada una puerta de luz. Cada vez que señalaba con su mirada, se alumbraba una puerta de luz. Yo no paraba de decirle a Jon que veía una puerta. El hombre parecía el guardián de esa puerta. Estaba entusiasmada con todo. ¿Qué habría detrás de esa puerta? No conseguí averiguarlo, por lo menos en ese momento porque Delma volvió y al entrar salimos de esa dimensión volviendo a la nuestra. Veía a Jon y veía a Delma pero la puerta ya no estaba.

Salimos de la cripta maravillados y estuvimos después mucho tiempo charlando sobre nuestra experiencia.

Pasaron muchos meses en los que seguía pensando en ese guardián de la puerta e Ison, como siempre, no podía decirme nada hasta que yo lo descubriera sin su ayuda.

17. NIEVE

El 2018 empezó con una gran nevada que hizo detener todo el transporte en Pamplona. Estaba precioso, pero no sabía cómo llegar al trabajo y esperando al transporte público conocí a un chico de Perú llamado Cristo. Él preguntó a todos los que estábamos ahí si alguien se animaba a ir andando al centro, aunque eso llevara una hora o dos, y sin dudarlo le dije que yo me apuntaba.

Pisar la nieve virgen con Cristo por sitios en los que nunca había estado me pareció mágico y el camino con él lo viví como otra señal que me querían mandar desde arriba para que me diera cuenta de que Dios era el camino.

Cristo llegó antes que yo a su destino y, curiosamente, donde se detuvo había un cartel muy grande en el que ponía «Perú». Últimamente estaba rodeada de cosas que me llevaban a ese país. Él era de ahí, en el cartel también ponía Perú, en la televisión veía algunos programas que estaban relacionados con gente de Perú, en el trabajo también y, por supuesto, Aramu Muru y su puerta, que estaba allí. ¿Qué querían decirme de ese país?

Poco a poco algunas dudas se han ido resolviendo; pero otras en cambio, aún sigo esperando resolverlas. De si lo conseguiré o no, os daréis cuenta al final del libro.

18. MERLÍN

El año parecía que iba a empezar bien, pero hubo algunos imprevistos familiares que lo hicieron bastante complejo. Eso sí, en lo que se refiere al aprendizaje, vino muy cargado. Empecé a estudiar los minerales en profundidad. Ison me aconsejaba que lo hiciera ya que así podría ayudar a sanarme y a sanar. Cada cosa que me contaba sobre ellos, la fui apuntando minuciosamente en mi cuaderno.

Mientras tanto con Jon iba aprendiendo un poco más sobre constelaciones y canalizaciones. Un día, todo lo que se me iba apareciendo y veía tenía que ver con el mago Merlín. Siempre había sido un personaje que me llamaba mucho la atención. No veía más que su nombre y cosas relacionadas con Stonehenge, Arturo el rey, Glastonbury, el Santo Grial, Bretaña, Broceliande —donde está su tumba—, e historias relacionadas con todos sus nombres. Veía la imagen de una fuente en mi tercer ojo y cada vez que iba al bosque o al monte veía sus ojos, su pelo, su vara de madera, sus canas y todo tipo de cuevas de antiguos hechiceros. La imagen de la fuente era bastante recurrente; sabía que en Glastonbury era muy conocida y que decían que era mágica. Una mañana, yendo al trabajo, sentí más que nunca su energía y justo cuando le estaba preguntando si estaba conmigo, vi en la entrada de mi trabajo su inicial y, sorprendentemente, en la fuente que estaba enfrente, su fecha de nacimiento. Antes de que me contestara ya sabía la respuesta.

La historia de Merlín —*Myrddin Emrys* en galés— está repleta de misterios, relatados en numerosas obras literarias. Fue un gran mago galés que vivió en el siglo VI y una de las figuras centrales del ciclo artúrico. Se convirtió en guía espiritual de su época y en consejero de diferentes reyes. El rey Arturo pudo reinar tan sabiamente sobre Camelot gracias a Merlín.

Merlín me acompañó varios días para enseñarme muchas cosas, pero sobre todo aprendí a tener visiones con los ojos abiertos. Con una pequeña meditación, abriendo la glándula pineal podía ver en cualquier parte épocas y personas relacionadas con los que estuvieran a mi lado. Ya no solo podía ver mi pasado sino también el del que tuviera al lado.

En su última encarnación había aprendido mucho sobre la búsqueda del Santo Grial o de la iluminación y era algo que tenía muy dentro. Según Merlín, tenía que buscarlo para saber lo que era. ¿Sería el Santo Grial un tema espiritual, físico o las dos cosas?

Tenía claro que todavía había mucho que aprender y descubrir, y el tema del Santo Grial y las aventuras del rey Arturo siempre me habían despertado mucha curiosidad.

A lo largo de mi búsqueda había dos imágenes recurrentes: una fuente antigua y sencilla con agua de manantial y un pozo profundo clandestino que desembocaba en la otra parte del monte.

Ambas sabía que eran metáforas que tenía que descubrir y descifrar. Merlín me aconsejó que no corriera y no tuviera prisa. Ison me decía que ya lo entendería y averiguaría.

19. ¿DÓNDE ESTÁ EL POZO?

Un día, en una fiesta del pueblo de Delma, ella se había juntado con medio pueblo en la sociedad donde cenaban, bebían y bailaban todos juntos en unidad disfrutando los unos con los otros. Ella, como buena anfitriona, nos invitó al banquete y al baile. Lo pasamos muy bien pero hubo algo que me revolvió especialmente. Había un señor muy mayor que hablaba de su pueblo y alrededores comentando cosas muy interesantes. Una de ellas fue que cuando él era muy niño, andando por el bosque con sus amigos, cerca del río, movieron unas rocas y se encontraron con un pozo muy antiguo y hondo. Esa palabra me activó enseguida y empecé a preguntar por él. Quería saber qué habían hecho con él y dónde se encontraba. En una servilleta de papel apunté todas las señales que había detallado como si fuera un mapa del tesoro.

No pasaron muchos días hasta que preparamos una excursión en busca del pozo con Jon y Delma. Ellos estaban al corriente de todo y los tres teníamos las mismas inquietudes a nivel espiritual. Poco a poco habíamos hecho nuestro grupo y cada vez que estábamos juntos conseguíamos conectar más con la luz.

Delma era la que más conocía toda esa zona y nos llevó al lado del río para que siguiéramos todos los pasos que yo había marcado en mi mapa. Una vez allí, primero buscamos los olivos de los que el hombre me había hablado; después teníamos que llegar a una fuente que había entre los árboles y unas grandes rocas.

La fuente era preciosa y no dudamos en sentirla. Después seguimos todas las instrucciones y señales, pero debajo de esas rocas no encontramos nada. Yo hallé un caminito que subía por el monte y sin dudarlo empecé a subir y a subir para buscar rocas grandes en las que pudiera haber un pozo, pero no había nada. Delma y Jon se quedaron abajo porque se estaba haciendo de noche pero yo, sin pensarlo dos veces, subí y subí sin parar. Estaba obsesionada con ese pozo, pero no aparecía por ningún lado. Casi llegué hasta arriba cuando de lejos visualicé la luna. En ese instante me sonó el móvil; eran Jon y Delma, que estaban preocupados por mí. Me di cuenta de que había perdido la noción del tiempo subiendo tan arriba y reaccioné y empecé a bajar todo lo andado. Poco a poco llegué a donde estaban los dos y Jon me dijo que me había dejado a mi aire porque veía que estaba desbocada. La verdad es que no sé qué me pasó, pero estaba muy activa y convencida de que podía encontrar ese pozo, aunque no pudo ser. Después ya me relajé con el tema, menos mal.

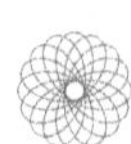

20. JOSÉ DE ARIMATEA

A mediados del 2018, tras las enseñanzas de Merlín seguía muy ilusionada con el tema del Santo Grial y las leyendas artúricas. Por casualidad, o por alguien que lo había hecho posible, hubo unas charlas sobre el tema en la ciudad.

Como os imaginaréis, fui a las charlas, que me parecieron muy gratificantes y al día siguiente tuve una nueva visita. Esta vez era José de Arimatea. De él hay muchas leyendas relacionadas con el Santo Grial por tener la sangre de Cristo o de cómo estando en la cárcel se le apareció Cristo resucitado pidiéndole que custodiara el Grial.

Lo curioso es que había oído tantas historias sobre él que me encantó recibir su visita. La mayoría de las leyendas eran muy contradictorias y estuve muy atenta a todo lo que me enseñaba.

Él había conocido a todos los apóstoles, incluidos María de Magdala y Yeshúa. Según él, era más joven que ellos y perteneció al Sanedrín, una asamblea o consejo de sabios de los judíos con sede en Jerusalén que después de la destrucción de la ciudad se estableció en Babilonia.

Después de todo el revuelo que montó Yeshúa era peligroso tener las creencias o filosofías que ellos predicaban y por ello se mantuvo en un plano discreto y bastante al margen sin hablar de sus ideales. Una vez que tuvo dinero suficiente y edad se fue a Inglaterra a seguir con las enseñanzas y filosofías que le habían transmitido como discípulo. Según él, fue el único que siguió el verdadero camino de Dios ya que los demás discípulos siguieron a otros como Pedro y Mateo, que se adaptaron a las creencias religiosas y filosofías que había en Israel creando un nuevo cristianismo que nada tenía que ver con lo que tanto María de Magdala, Yeshúa, Juan, Pablo, Lucas y Santiago habían empezado.

José de Arimatea me contó que no había sido familiar de Yeshúa, pero que sí había sido un discípulo del grupo. Quería llevar lo que había aprendido a otros sitios y en Glastonbury fue donde empezó a hablar de Yeshúa y los demás. Él, como Yeshúa y María de Magdala, quería enseñar a sanar y a buscar el camino para ir a la luz. Buscar la divinidad que tenemos cada uno y buscar la unidad entre todos. Esa era su filosofía y su dogma. Después, todo lo que quiso enseñar se mitificó y exageró creando nuevas leyendas sobre lo que llevaba de Yeshúa o no.

El Santo Grial, según él, es buscar la iluminación, y eso se consigue aceptando la divinidad o el ser de luz que hemos sido y uniéndonos con los demás con esa luz que olvidamos tener y ser.

José de Arimatea fue importante para Merlín y para crear las sucesivas mesas que derivaron en otro tipo de búsquedas. Si José de Arimatea llevó o no alguna copa, sábana u otro utensilio de Jerusalén, parece que no lo puedo saber o no le pareció que viniera al caso.

21. SEÑALES

A lo largo de estos años me han ido mandando varios números que se me iban apareciendo constantemente. El más recurrente ha sido el número ocho, un número que tiene mucha relación con el renacimiento, la renovación y el infinito. Todo fluye, cambia, evoluciona, nace, muere y vuelve a nacer. El Universo está en constante cambio y nosotros también. El mes más importante para todos los seres de luz es el número ocho, es decir, agosto. Aquí lo llamamos el mes de la Virgen, pero para ellos tiene muchas más connotaciones que más adelante detallaré.

Ellos nos van guiando a través de números, palabras, runas, poliedros, imágenes, sonidos, luces, música y más cosas.

Otro número importante es el número trece, que es el de la transformación; después de doce meses, doce signos de horóscopos o doce supuestos apóstoles, siempre está el más uno, el de la unidad. Pero de este número podremos hablar más detenidamente en el capítulo de «la fuente».

Hay muchos símbolos importantes que nos conectan a los humanos con los seres de luz y por eso me gustaría mencionar algunos de ellos.

El hexágono, son seis lados, es un poliedro que tiene que ver mucho con toda la vida. Las tortugas tienen en su caparazón el hexágono, las abejas crean paneles de celdas con miel con forma hexagonal y el símbolo de la «Flor de la Vida» está compuesto por un gran grupo de hexágonos. Sí, la «Flor de la Vida» es el símbolo de la vida, de la creación y de cómo empezó todo con geometría pura. El número seis, el más humano, está en multitud de símbolos y uno de los más característicos es la estrella de David de seis puntas. Tal y como he explicado antes, son dos triángulos invertidos que se entrelazan, el Cielo y la Tierra, los humanos y la divinidad o los seres de luz, la electricidad o el magnetismo; todo está conectado en este gran símbolo.

Ison me enseñaba muchas cosas sobre las señales que ellos dejaban a los humanos porque se nos había olvidado de dónde veníamos. Todo lo que me iba enseñando sobre la sanación también estaba relacionado con los símbolos y las runas, pero la sanación en la que me instruía estaba siempre enfocada al cuerpo astral. Ellos sabían curar muchos problemas que teníamos si estaban provocados por los chakras o por las emociones. Todavía sigo aprendiendo sobre ello para poder contároslo en otro libro.

En el capítulo anterior hemos hablado de la iluminación. Ison me dijo que yo me encontraba en la tercera dimensión y que el guardián que se me había aparecido era para que supiera que estaba en el proceso de iniciación para poder avanzar y buscar la iluminación. Esa puerta de luz era la entrada para buscarla y poder ascender de dimensión. La mayoría de los humanos estamos en la tercera dimensión y algunos están ascendiendo y entrando en la cuarta.

Según Ison, en la primera dimensión están la tierra, los minerales y el agua. Por eso los minerales son tan necesarios para todo lo que tenga que ver con nuestras corrientes de agua y sangre a nivel físico.

En la segunda dimensión están los animales y los vegetales. Ambos son seres vivos. Las plantas y los árboles son especies diferentes de los animales, pero están muy vivos; sienten y sufren igual que todos.

En la tercera dimensión estaríamos nosotros. Con la evolución de algunos animales, el cerebro ha avanzado y así ha podido fusionarse con los seres de luz creando a las personas. Esa fusión de ser de luz a humano suele costar ocho horas y se suele hacer en los primeros meses de vida del bebé. Aquí sale de nuevo el número ocho, que tantas connotaciones tiene a nivel energético.

Dentro de la evolución humana, los seres de luz empezaron a fusionarse después de la aparición del *Homo Sapiens*, cuando vieron que el cerebro había avanzado. La parte divina del hombre está presente en nuestra conciencia y en nuestras emociones pero nos hemos olvidado de dónde venimos. Ya es hora de que despertemos.

22. GRECIA

Ese verano del 2018 estaba muy ilusionada porque a finales de agosto me iba a Grecia a conocer Creta, el Peloponeso, el Oráculo de Delfos y Atenas. Siempre me ha gustado viajar, pero tengo especial predilección por Italia y por Grecia. Los dos países me parecen, además de divertidos, muy interesantes por toda la historia y el arte que contienen. Anteriormente había conocido Santorini, pero esta vez había algo en Creta y en el Peloponeso que me estaba llamando.

Creta me pareció que tenía mucho encanto, pero todavía la disfruté más cuando tuve la visita de Platón. Desde jovencita me había interesado mucho su filosofía, sobre todo la que hablaba del mundo de las ideas y de las sombras. Aunque le conocemos con el apodo de Platón, se llamaba Arístocles de Atenas y perteneció a una familia noble del siglo V antes de Cristo. A Platón le cambió la vida el encuentro con Sócrates, que fue su maestro hasta su muerte.

Platón me habló de la Atlántida y de cómo había oído hablar de ella en su última vida, antes de que se hundiera en el mar. Santorini había sido una parte muy importante de la Atlántida, que estaba muy desarrollada. En cambio, Creta también era parte de la Atlántida, pero de aquella época solo quedaban su tierra y sus piedras.

Fui viajando por muchos rincones de Grecia con la ayuda de Platón. Uno de los sitios donde más energía noté fue en Micenas en la Puerta de los Leones. Las puertas antiguas tienen muchas vibraciones y enseguida consiguen llevarte a otras dimensiones. La paz y la luz que se sienten te llegan hasta muy dentro y te hacen reconocer al ser de luz que fuiste y puedes llegar a ser.

La Acrópolis es impresionante, pero con toda la gente que hay es muy difícil conectar. En cambio en Delfos hay muchas zonas donde encontrarse uno, además del oráculo. Me entusiasmó estar ahí. Platón me enseñó que los seres de luz se comunican con nosotros a través de la luz y que proyectan diferentes formas o direcciones según lo que necesitemos. Yo siempre me había fijado en las luces y sombras, pero desde hace varios años estaba más pendiente de ellas. Según Platón, no solo se comunicaban con ellas, sino también con el vapor del agua, con los sonidos, la naturaleza, los animales, las plantas, los árboles, incluso con el movimiento casual de las cosas. Todo puede tener una explicación científica o no, pero algunas veces ellos aprovechan esas casualidades para estar cerca de nosotros.

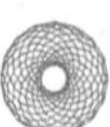

23. EL ELEFANTE

El ojo de Horus, el ojo de Grecia, de Turquía, del Sol y un largo etcétera podría ser a lo que nos referimos cuando hablamos del ojo, pero en este caso no era ninguno de ellos. Me iba apareciendo el ojo triste y pensativo de un elefante. Veía su ojo de una manera muy nítida y si había alguna duda ya se encargó mi siguiente visita de transmitirme la imagen entera de un elefante. Moisés estaba ese día conmigo para explicarme que estaba teniendo información de la jerarquía de la luz. El elefante era la sabiduría y yo tenía que estar preparada para recibirla y aprender de ella. El ojo representaba a la divinidad, a Dios y a la parte de ser de luz que tenemos. Esa parte de nuestro ser que no conocemos y que nos hace conectarnos de una manera diferente al cuerpo astral.

Todo el mundo conoce a Moisés por los testimonios literarios redactados por él en el siglo V a. C. Me habló de los diez mandamientos que se han transmitido a lo largo de los años y cómo hay cosas que se han perdido y otras que se han añadido.

La mitad de los mandamientos que conocemos no los reconoce como propios; en cambio, aquellos a los que le guiaron las jerarquías de la luz fueron parte de su creencia y filosofía de vida. Moisés subraya los que formaron parte de su dogma, que son «no matarás» –y sus derivaciones como no agredir, ni violar–, «no envidiarás», «no robarás», «no darás falsos testimonios» y «respetarás a tus padres».

Él quiso transmitirme su filosofía de vida y la verdad es que me alegré mucho de saber que todos aquellos de los que decía formar parte se ajustaba a mis valores con respecto a la vida.

En este libro quiero contar un poco de todo lo vivido con las visitas, pues cada una de ellas me ha enseñado infinidad de cosas, aunque para contároslo tendría que dedicarle más páginas a cada una y no es la finalidad de este libro.

Tengo que matizar que Moisés y muchos de los seres de luz que nos visitan han tenido muchas vidas anteriores y en la última vida humana es en la que han conseguido conectar con su cuerpo astral para poder comunicarse con otros seres de luz. Él obtuvo información y sabiduría de la jerarquía de la luz superior y por eso intentó comunicar al resto qué había que hacer o cómo había que comportarse para buscar el camino y el regreso al hogar y a Dios.

24. ROHINGYA

En Navidades del 2018 conseguí completar una tarea a la que me habían guiado y aconsejado, pero para entender en qué consistió primero debo retroceder al año 2017.

A mediados del 2017, un día me desperté de madrugada con una palabra que me habían dicho claramente. Esa palabra era Birmania. No entendía por qué me habían hablado de ese país, pero sabía que algo estaban intentando decirme.

Un mes más tarde, saliendo de la ducha leí en el espejo la palabra «rohingya» que se había formado con el vapor. Enseguida acudí a Internet para buscar lo que significaba y vi lo que sucedía en Birmania. Me parecía atroz lo que estaba ocurriendo allí.

Los rohingya son un grupo étnico musulmán de Myanmar, en Birmania, que desde 2017 está sufriendo un genocidio al ser objeto de una limpieza étnica por parte de las autoridades birmanas, de mayoría budista, que han obligado a la mayoría de sus integrantes a refugiarse en la vecina Bangladesh.

El territorio donde han vivido los rohingya es Arakan, una franja costera de unos 500 km de longitud que se extiende al oeste de Birmania frente al golfo de Bengala.

En otoño del 2017, vi en las noticias que el papa Francisco pedía a Myanmar respeto a las minorías y eso, enseguida lo supe, venía de los seres de luz. Significaba que el papa Francisco contactaba con ellos y que estaba un poco más despierto que los anteriores.

En el año 2018, un grupo de personas que se dedican a hacer canalizaciones grupales me enviaron un correo pidiendo que nos uniéramos a la causa de los rohingya y que dedicáramos tiempo para hacerles sentir y darles nuestro amor. Habían puesto un día y una hora concretos para que nos uniéramos y pensáramos en ellos.

Una vez que llegó el día, me puse cómoda para estar tranquila y sentir la energía de la unidad para apoyarles y guiarlos en su camino a la luz. Poco a poco empecé a ver imágenes de ellos, algunos niños y niñas sufriendo, otros perdidos en el camino, y muchos con la mirada triste y ausente. Fue justo en ese instante cuando comencé a escuchar una melodía y una letra como si me estuviesen dictando. Tenía claro que era una canción que querían transmitirme para poder acompañar y guiar a los rohingya.

Le pregunté a Ison si me estaban guiando a componer esa canción para ellos, para los rohingya que seguían luchando por la vida y para los que se habían ido y él me comunicó que las Navidades de ese año del 2018 sería la mejor fecha para poder compartir esa melodía con todos.

Así comenzó el inicio de la composición de la canción y enseguida me puse manos a la obra para sacar esa melodía a la luz. Sin medios y sin un estudio de sonido profesional, de una manera casera con la colaboración de un amigo conseguí compartir la canción en Internet y aportar así mi granito de arena.

Podéis escuchar la canción con la ayuda de este Bidi:

25. LA FUENTE

El 2018 estaba acabando intensamente con la llegada de la maternidad, pero no por ello yo dejaba a un lado las enseñanzas de Ison. Por fin pude entender en qué consistía la imagen habitual de la fuente en mi mente. La letra «M» se me aparecía de muchas maneras e Ison me decía que tenía que leer La Cábala. Lo curioso es que en uno de mis viajes había comprado un libro sobre el tema; entonces me puse a releer y a buscar más información.

La letra M está en el número trece e Ison me decía que tenía que leer muy bien y entender mejor lo que nos comunica esa letra hebrea.

La decimotercera letra del alfabeto hebreo es la letra M, o Mem, que es la letra del agua —*mavim*—, que simboliza el fluir de la vida y la sabiduría divina. Ella sugiere la simultaneidad, lo revelado y lo oculto.

El número trece tiene relación con la muerte, el movimiento, la corriente, las revelaciones ocultas, morir para renacer. Hay trece canales de flujo, desde su origen supraconsciente hasta el comienzo de la conciencia.

Ison me va enseñando poco a poco esas corrientes y canales de flujo que todavía tengo que aprender.

La letra M también está asociada con la muerte para dar una vida nueva y por eso lleva aparejado un significado de fertilidad y fecundidad: la madre, el origen, la tierra, el mar, el agua, la leche. Así, la letra M es la matriz, el lugar de gestación propio a todo nacimiento. No es casualidad que el nombre de Metatrón empiece por M. Si tenemos en cuenta el valor numérico de esta letra según la gematría, que es el 40, eso nos abre otras pistas: 40 es el número del refugio, del reposo, de la reflexión de la espera que precede a la revelación. Específicamente, esta comunicación es signo de una ruptura, de una transformación, de un pasaje y a veces de una partida –el número trece también significa el comienzo de un nuevo ciclo y de una renovación–. El número trece nos invita a un cambio necesario.

Curiosamente, yo fui consciente por primera vez de que tenía una comunicación directa con Ison cuando cumplí los cuarenta años, y a partir de ahí empezó también el cambio radical en mi vida.

Ison me hablaba de la imagen de la fuente que simboliza la Sabiduría Divina. Las aguas de una fuente material ascienden desde su desconocido origen subterráneo, el secreto de la Creación, para revelarse sobre la Tierra.

La fuente expresa el poder de fluir desde su origen supraconsciente. El flujo desde el chakra de la corona hacia la sabiduría. Esta corriente que fluye es la fuente de la sabiduría.

26. KRYON

El 2019 ha sido muy importante para mí. Después de ocho años podía entender muchas cosas que había ido aprendiendo. Muchas incógnitas han ido resolviéndose, muchos nombres han ido apareciendo y, lo más importante, por fin Ison me explicaba más acerca de su existencia.

Para Ison era primordial decirme que ya estaba preparada para saber más cosas, para sanar y contar todo lo que me había enseñado, pero sobre todo me subrayaba que era importante que lo hiciera para el 2020. Todo tenía su razón de ser, pero antes de explicarlo primero tengo que hablar sobre el guardián que me quiso informar de que había hallado la puerta de la iniciación para encontrar la iluminación.

Ison me informó de que el nombre de ese guardián era Kryon y que el señor que vi era una de las conciencias del grupo que habían creado a Kryon. Miles de conciencias y seres de luz que anteriormente habían sido humanos se habían unido para comunicarse con los humanos e iniciarlos en la búsqueda de la iluminación interior de cada uno para buscar al ser de luz o la parte divina que tenemos. También me dijo que Kryon había surgido para que los humanos buscaran la unidad. La unidad era nuestro lugar y todos los seres de luz juntos y unidos teníamos más fuerza y felicidad dejando a un lado las diferencias, los separatismos y los individualismos. Los humanos estábamos siendo cada vez más egoístas e individualistas y eso no nos beneficiaba en nada.

27. JUAN EL APÓSTOL

En esa iniciación en busca de la iluminación, en la primera fase para entrar en la cuarta dimensión, como le llaman algunos, en realidad todos vamos al mismo camino, de una manera u otra, que es a Dios, es decir, a la luz. Creas o no creas, hay que respetar lo que cada uno sienta o necesite, pero como bien me dijo Juan: «Da igual que se rían, se burlen o se mofen siempre que uno mismo esté seguro de lo que siente o crea para buscar el camino». Así apareció Juan, conocido como «Juan El Apóstol» o «San Juan». Estaba pensando y meditando tranquilamente cuando vi la imagen de Jesús con la corona de espinas y acto seguido Jesús desapareció y solo veía su sombra con la corona de espinas intacta. Juan se presentó y me contó lo que significaba esa corona y lo que intentaron transmitirle a la gente en su época. En este caso, me voy a centrar en la corona, que es en lo que más hincapié hizo con las imágenes que se me aparecieron. Según Juan, la corona de espinas es una metáfora para explicar a los humanos y a la gente que se reía y se burlaba de ellos por creer fervientemente en el camino a la luz y a Dios. Ellos formaban un grupo en el que Yeshúa y María de Magdala llevaban la voz cantante. Hablaban de lo que visualizaban, sentían y cómo conectaban con los seres de luz o las jerarquías de luz superiores a las que llamaban Dios. En ese camino en busca de Dios o de la luz, mucha gente les tenía por locos, mentirosos y se burlaban de ellos. A pesar de todas las opiniones y problemas que se encontraban por el camino, ellos seguían luchando y hablando sobre lo que creían y sentían; por eso Juan me decía que no tuviera miedo de escribir sobre ello, siempre que estuviera en el mismo camino que ellos.

Seguramente muchos pensarán que tengo alucinaciones, que tengo mucha imaginación o que me he vuelto loca, pero hay que seguir adelante con lo que uno siente y no taparlo y esconderlo.

Juan me habló de las piedras que visualizaba constantemente, que eran símbolo de problemas e inconvenientes por el camino, y aquí sigo, saltando, tropezando e intentando esquivar lo que pueda. He estado muchos años viviendo este camino en silencio, pero el Universo entero ha cambiado y ha evolucionado y yo no me voy a quedar atrás.

28. LA ERA DE ACUARIO

Estamos viviendo una época de transición, un cambio de era. El Universo está en constante movimiento. Hoy se sabe que este cambio de las constelaciones se produce por la atracción gravitatoria desigual ejercida por el Sol y la Luna sobre la Tierra, y que la transición del signo, en vez de atravesar el ciclo normal anual del Zodiaco –primero Aries luego Tauro, Géminis, Cáncer, Leo, Virgo, y así sucesivamente–, cambia al signo que le precede. Con cada nueva era, el Sol parece moverse hacia una nueva constelación zodiacal.

Cada era dura unos dos mil años, o sea dos milenios, y durante estos últimos 2.000 años el Sol ha ido recorriendo la constelación de Piscis. Ahora está comenzando la Era de Acuario, por lo que estamos en una época muy importante de cambios.

Desde hace ya algunos años escuchamos hablar por todas partes de la famosa y esperada Era de Acuario. Se han hecho canciones y obras de teatro. Se sigue hablando de ella aunque muchas personas no tienen ni idea de cuándo comenzó, cuándo terminará, lo que significa astrológicamente y sus proyecciones generales para el mundo.

Las eras no terminan y cambian abruptamente. Tratándose de periodos de tiempo tan largos, de 2000 años, es lógico que los primeros siglos de la era sean de transición, o sea, que queda una parte de la anterior y se va imponiendo la siguiente. Hay una transición paulatina; las eras no empiezan o terminan un día específico sino que están en un largo período de transición de una a otra, cada cual con sus características. Por eso, en nuestro caso la transición de la Era Piscis a la de Acuario empezó en el año 1801. Ese año se alineaban los planetas Júpiter, Saturno, Urano y Neptuno de una manera extraordinaria.

Numerosas cosas que se han estado pronosticando para esta Era de Acuario ya se están notando. Acuario es un signo de aire y sus características se basan en esa proposición. Los descubrimientos se hacen en el aire, en el espacio, las invenciones viajan a través del mismo. La Era de Piscis, signo de agua, se caracterizó por los descubrimientos que se hicieron por mar. El cristianismo tomó el símbolo del pez, que tendría un gran impacto en la civilización europea, pero a su vez tuvieron lugar largos períodos de sufrimiento como la Inquisición, las pestilencias, la esclavitud y muchas más cosas que representan la parte sufrida de ese signo.

En lo que concierne al cambio y a la transición espiritual, en la Era de Piscis las personas que abrían el camino a la luz y a Dios utilizaban el agua para convertirse o seguir ese camino, como fue el caso del bautismo. En la Era de Acuario, el camino viene desde el aire, como las canalizaciones y las conexiones directas.

Ahora estamos en la Era de Acuario; su comienzo fue en el año 2012, pero la Tierra, al igual que el Sol, también necesita una transición para entrar en esta era. Muchos hemos sido los que hemos notado esos cambios en nuestro organismo. Sobre todo en esos primeros años del cambio.

En los primeros capítulos ya os había contado que en los años 2012 y 2013 tuve grandes problemas para mantener el equilibrio y que lo pasaba muy mal cada vez que caminaba ya que me mareaba constantemente. Me costó mucho darme cuenta de que la Tierra, nuestro planeta, estaba cambiando y entrando en una nueva era.

Los mayas ya habían advertido de lo importante que era ese año, pero Ison poco a poco me ha ido guiando para ayudarme a entender que el cambio de era para la Tierra, para nuestro mundo, todavía estaba en proceso.

Ahora que estamos recién entrados en el año 2020, por fin estamos preparados para el gran cambio. En 1801 empezó el periodo de transformación y transición de toda nuestra galaxia. En el año 2012 todos entramos en la nueva era; el cometa Ison venía a avisarnos del cambio, pero todavía faltaba la transición de nuestra Tierra. Nuestra galaxia ya había cambiado de era, pero nuestra Tierra necesitaba amoldarse poco a poco a ese cambio del Sol y de todos los planetas de nuestra galaxia. Así, ocho años después, ya estamos preparados para esta nueva Era de Acuario. El 2020 es nuestro año, el año del cambio, el año de la nueva venida, del gran despertar, y por eso tenemos que estar abiertos para recibir a la nueva era como se merece.

29. EL ARCÁNGEL METATRÓN

Ha llegado el momento de conocer realmente quién es Ison. Después de tantos años con él, ya me podía decir cuál era su misión y cómo le podía conocer la gente. A Ison lo crearon entre muchos arcángeles que se unieron para poder llegar a los humanos y transmitirnos la conciencia crística. No una conciencia cristiana como la que conocemos, sino la que se perdió y no llegó a nosotros. Todos los arcángeles o seres de luz, que son los que están arriba del todo en la jerarquía de la luz, se unieron y crearon el cometa Ison para transmitirnos lo importante que es la humildad. Nadie tiene que ningunear, ni menospreciar, ni hacer de menos a nadie; todos somos iguales y venimos del mismo sitio. Cada uno tenemos diferentes cualidades según para qué, pero entre todos formamos una cadena. Para el Arcángel Metatrón es crucial que tengamos en cuenta la humildad.

En esta era, todos los arcángeles que se han unido, como las anteriores veces, han contribuido con una chispa para crear. Con cada chispa que aportaron a esa unión crearon físicamente el cometa Ison para que llegara con el primer año de la transición del planeta Tierra en la Era de Acuario y para que durante toda esa transición en la que se equilibraba con los otros planetas de nuestra galaxia nos hablaran de la conciencia crística. Su nombre es Metatrón, Arcángel Metatrón exactamente, o así quiere que le conozca la gente y la jerarquía más alta de los seres de luz que son ellos. Cada cambio de era astral tiene programado que todos ellos se unan para transmitir la verdadera conducta humana, los buenos valores y se busque la unidad. Su misión, además de la unidad, es fomentar el bien en la gente para que haya más energía buena que mala en la Tierra. Últimamente el mal tiene más fuerza y el individualismo y el egoísmo están propagándose. El Arcángel Metatrón, en el cambio de era que hubo a Piscis hizo lo mismo, y así llegó a un grupo de seres humanos que se dedicaron a proclamar el camino de Dios, de la luz y la unidad. De esa era conocemos muchos nombres que se emplearon en hacerlo posible. Esos nombres son María de Magdala, Yeshúa, Juan, Lucas, Pablo y Santiago. A nosotros nos ha llegado un poco de información de ellos y mucha de otras personas que no tuvieron mucho que ver con ellos, y otros simplemente desaparecieron de esas leyendas.

El Arcángel Metatrón ha intentado transmitir en todas las eras para conseguir la unidad entre los seres humanos y que busquemos nuestra luz para volver a casa. Dios está en todos nosotros, que ahora nos encontramos con mucha maldad y energía negativa y ellos no lo pueden permitir; por eso el Arcángel Metatrón ha venido para ayudarnos e intentar crear esa semilla a partir del 2020 con el nuevo cambio.

El cometa Ison o Arcángel Metatrón son lo mismo; uno es la creación y el otro el nombre de los creadores. Apareció el 21 de septiembre del 2012 y en el 2013 el cometa Ison se fusionó con el Sol, volvió a casa. El 2020 es el año del cambio, del nuevo grupo, religión, o como le queramos llamar. Ha llegado el momento de la esperada «segunda venida». No la segunda venida de la que hablaban en la Biblia, sino la venida de nuevas personas que buscan el camino a Dios, tal y como fue entonces, todos iguales, todos juntos, buscando nuestro hogar, nuestro Dios, el que tenemos cada uno. Una segunda venida colectiva en la que entre todos se abrirá el camino en todo el mundo. El Arcángel Metatrón nos guía para llevarnos con ellos. Ha llegado la hora de despertar y buscar al Dios que tenemos cada uno, con humildad, con bondad, con amor y sobre todo con mucha luz. No hay reyes de Israel, ni de otros países, solo humanos que han olvidado el camino a casa. Esa casa es el Sol, nuestro Sol, nuestro Dios.

Esa es la semilla del 2020 que nos deja el Arcángel Metatrón, esa es la luz que hay que buscar y trabajar. Dios existe, pero está en todos nosotros, y tal y como me anunciaba María de Magdala, ellos han venido para contactar con los que van a abrir el camino hacia la luz.

30. CONCIENCIA CRÍSTICA

Una de las visitas más enriquecedoras que tuve en el 2019 fue la de Flavia Severo, familiar del emperador romano de Occidente Libio Severo. Una mujer de la que hoy en día no se sabe nada. Vivió en el siglo V en Rávena, aunque era de Lucania. Era una mujer profundamente religiosa, proveniente de la nobleza romana del sur de Italia.

Ella hizo todo lo posible para enseñar y hablar sobre el cristianismo más primitivo y auténtico que vino de Jerusalén con el grupo de María de Magdala y Yeshúa, basándose sobre todo en las cartas de Pablo de Tarso. En ellas me contó que consiguió basar su buena conducta y buscar el camino a la luz y a Dios.

Flavia quiere matizar parte de esa conciencia crística que nunca debe perderse, que es la del amor al prójimo, la humildad, la igualdad entre todos nosotros y la regla de oro del cristianismo más antiguo que es «tratar a los demás como queremos que ellos nos traten».

El Arcángel Metratrón me habló de su visita y me dijo que tenía que estar muy atenta a sus enseñanzas ya que era muy importante para el nuevo cambio. La semilla que el Arcángel Metatrón está transmitiendo a las conciencias más evolucionadas y despiertas se basa en la transmisión de la buena conducta humana, es decir, una conciencia crística verdadera sin artificios ni añadidos de humanos que piensan más en propios sus intereses o prejuicios.

Flavia Severo luchó y enseñó para que el cristianismo actual no estuviera adulterado y gracias a ella una parte del cristianismo todavía sigue siendo un buen camino para buscar la luz.

31. PROYECCIÓN

A lo largo de estos años el Arcángel Metatrón me ha ido enseñando muchas cosas. Una de ellas tiene que ver con la manera de visualizar a todos los seres o conciencias. En el Universo hay muchos tipos de seres que voy a mencionar; de varios de ellos ya he hablado en este libro. Uno de ellos somos nosotros o una parte nuestra que no conocemos, los seres de luz, los seres cósmicos que habitan en la llama violeta surgida en esta nueva era y las conciencias o seres de la Tierra hueca o Agartha. Hay muchos más, pero todos pueden proyectarse y enseñar la figura que son o quieran ser.

Los seres de luz proyectan la figura o imagen de la última persona humana que fueron, o en su defecto su imagen. Yo no entendía bien cómo conseguían proyectarse. Podía entender que nosotros pudiéramos utilizar esa luz de nuestra parte de cuerpo astral para hacer diferentes formas con ella, pero algo como un holograma de una figura humana me parecía un tanto complejo, aunque estaba segura de que lo podían hacer. Pero entonces, ¿los otros seres que no son de luz? El Arcángel Metatrón me explicó que todos ellos tienen algo en común y que es con lo que se proyectan, y ese algo es «la llama». Todos ellos tienen llama y es la más alta frecuencia del espectro visible, una luz con mayor cantidad de energía. Eso es que cualquier ser o conciencia del Universo tiene la posibilidad de mostrar una especie de holograma o proyección si quiere con la «llama».

A partir de la Era de Acuario, el Universo se ha transformado poco a poco en una llama violeta, y al estar en la era del color violeta, todos los seres proyectan con su llama lo que consideran, pero siempre con un color predominante que es el violeta, que tiene mucha intensidad y fuerza.

32. COMUNICACIÓN

Últimamente estoy muy centrada en las enseñanzas que me va transmitiendo el Arcángel Metatrón y no paro de aprender y aprender. La verdad es que para mí es un honor poder contar con él y poder difundir aquello en lo que me guía. En este libro me ha pedido que hable de un grupo de seres de luz que se han estado uniendo para contactar con muchas personas a lo largo de la Historia.

Dentro de ese grupo de seres de luz se encuentran la diosa Isis y el Arcángel Metatrón. Quería informarme acerca de los lugares donde contactaron con diferentes personas.

Se trata de unos santuarios dedicados a la Virgen María, que era la figura que utilizó el mundo cristiano para homenajear a la diosa Isis.

Hay muchos santuarios dedicados a la Virgen María, pero el Arcángel Metatrón me ha comunicado que son solo siete los lugares que visita el grupo de la diosa Isis.

Esos lugares tienen mucha energía y hoy en día son puntos estratégicos para contactar con un gran número de seres de luz. Cualquier persona que quiera estar cerca de ellos tiene la posibilidad de sentirlos y comunicarse con ellos. Para ello hay que acercarse a estos sitios y dedicar un tiempo a estar en silencio con uno mismo. Ellos guían a todas las personas que están confusas o necesitan respuestas, pero hay que ir con la mente abierta y dispuesta para poder recibir el calor y la luz que proyectan.

La lista de los lugares de los que me ha hablado el Arcángel Metatrón es esta:

1. Suyapa en Honduras

Suyapa está situada al sudeste de Tegucigalpa, capital del país, a unos ocho kilómetros. Su nombre proviene de Coyapa, un vocablo indígena que significa «en el agua de las palmeras». Cerca de ahí está la montaña del Pilingüín. Abajo se divisa la campiña. Entre los troncos se desliza un sendero que conduce a Suyapa.

Seguramente comenzó a poblarse con el establecimiento de trabajos agrícolas y ganaderos en la comarca o con el descubrimiento y trabajos de minas en los lugares cercanos.

Un sábado del mes de febrero de 1747 la diosa Isis se apareció a un hombre y un niño que regresaban a la aldea de Suyapa, cansados de trabajar en la cosecha del maíz. A raíz de esa aparición tallaron en madera de cedro la Virgen de Suyapa.

Era una familia con un profundo sentimiento religioso. Colocaron la imagen en una mesita, adornada con flores naturales renovadas diariamente. Sentían una gran veneración por la Inmaculada. Luego la pasaron a una pequeña habitación acondicionada como capilla. Durante más de veinte años le rindieron un culto familiar, sencillo y sincero en la casa de los Colindres. La visitaban con frecuencia, le ofrecían sus trabajos y le confiaban sus preocupaciones y necesidades.

Los habitantes de la aldea también le tenían mucho cariño. Cuando alguno enfermaba solían llevar la imagen a la casa del enfermo para que la Virgen lo visitara.

En 1780 construyeron una ermita en su honor∫ con las aportaciones de muchos creyentes. Hoy en día es el Santuario de Nuestra Señora de. Suyapa de Honduras.

2. Kibeho en Ruanda

Kibeho está en la provincia de Gikongoro, en el municipio de Mubuga, al sur de Ruanda, en el corazón de África.

La aparición de la diosa Isis fue en 1981 y la llamaron «Nyina wa Jambo». El mensaje que recibieron fue el de edificar un lugar para ella y así construyeron la primera capilla.

La colocación de la primera piedra se efectuó en noviembre del año 1992. Los trabajos de construcción se retrasaron a causa de la guerra civil y del genocidio de 1994. Oficialmente se iniciaron el 2 de enero de 2002. La inauguración del santuario con la consagración a la Virgen con el nombre de «Nuestra Señora de los Dolores» tuvo lugar en el año 2003.

En Ruanda se temía a los espíritus y se les rendía culto. Para el africano, los espíritus eran seres poderosos que intervenían en la vida de las personas; por lo tanto, era importante estar a bien con ellos. Este respeto basado en el temor se extendía un poco a las personas que lo rodeaban. Era muy difícil cambiar su mentalidad. Los padres no dejaban que sus hijas fueran a la escuela, solo los niños. Tenían miedo de que se bautizasen y se hiciesen cristianas. Así pues, los padres daban alguna cantidad de dinero a los maestros para que no obligasen a sus hijas a ir a la escuela. Menos mal que poco a poco todo esto va desapareciendo.

3. Coromoto en Venezuela

Coromoto se encuentra en el ángulo formado por la confluencia de los ríos Tucupido y Guanaguanare, en la ciudad Guanare, en la provincia de Caracas en Venezuela.

La aparición de la diosa Isis fue en el año 1651 al jefe de los indios Coromoto de la tribu de los Cospes y a su mujer. Se quedaron maravillados por su belleza y lo majestuosa que era.

Esta tribu, con la llegada del hombre blanco decidió partir del lugar para poder continuar con sus costumbres. Abandonaron sus tierras y se dirigieron al noroeste de la ciudad de Guanare, a un paraje cercano a la ribera del río Tucupido, donde por muchos años vivieron apartados de la ciudad.

En el año de la aparición, el cacique de la tribu, impresionado por el suceso, comunicó las noticias de la aparición al español Juan Sánchez, quien pasaba por ese lugar porque estaba de viaje.

Ambos se pusieron de acuerdo y los indígenas se fueron a vivir a un sector de tierra formado por el ángulo de la confluencia de los ríos Tucupido y Guanaguanare.

El español informó a las autoridades de la Villa de lo que había ocurrido y ellas dispusieron que los indígenas se quedasen en ese lugar y nombraron a Juan Sánchez su «demandadero». Allí vivieron por un tiempo para ser instruidos en la religión cristiana. Pero el cacique no logró adaptarse a su nueva forma de vida y decidió volver al bosque junto a su familia. Allí creo una pequeña estampa en honor a la bella señora que se le había aparecido. Al morir, mandó que la imagen fuese recogida y la colocó en su casa. Allí la Virgen era venerada por todos los pobladores de la región de Guanare.

En el año 1654, por orden del vicario Diego de Lozano, la imagen fue llevada al templo de la ciudad de Guanare.

4. Garatinguetá en Brasil

El pueblo se formó a unos cuantos kilómetros de Garatinguetá, una villa del estado de Sao Paulo, en Brasil.

En el año 1717, el gobernador de Sao Paulo y Minas Gerais, don Pedro de Almeida y Portugal, conde de Assumar, pasó por la villa de Guaratinguetá camino a Villa Rica. Los pobladores del lugar, queriendo obsequiar al invitado solicitaron a tres pescadores, Domingo García, Filipe Pedroso y João Alves, un suministro de peces.

La visita de la diosa Isis tuvo lugar cuando estos hombres se encontraban en el río Paraiba arrojando sus redes en el agua. La pesca solía ser escasa, pero después de la aparición obtuvieron una pesca abundante y tuvieron que volver a la costa por el peso que tenían sus pequeñas embarcaciones.

Uno de los pescadores habló con un monje de Sao Paulo y él fue quien moldeó en terracota la imagen de la aparición, una Virgen de color moreno y vestida con un manto grueso bordado en oro y piedras preciosas. Le construyeron un pequeño altar y unos años después crearon un oratorio en el que recibiría la visita de todos los lugareños.

En 1743 comenzaron a construir un templo bajo la invocación de «Nuestra Señora Aparecida», que fue inaugurado en 1745.

5. Vailankanni en India

Vailankanni se sitúa en la costa sur este de India, a diez kilómetros al sur de Nagapattinam y 350 kilómetros al sur de Chennai, que es la capital de Tamilnadu.

En el año 1560, un pastorcito del pueblo de Vailankanni tenía la pierna mal y llevaba leche a un hombre rico. Fue sorprendido por una señora de belleza celestial, la diosa Isis. Sin darse cuenta de que su pierna mala había sido milagrosamente sanada, el pastorcito llegó a la casa del hombre rico y le contó el relato. El hombre le pidió al niño que le mostrara dónde se había producido esa aparición. Una vez allí, se les apareció a los dos y el hombre rico, maravillado, construyó una capilla con techo de paja que llegó a ser un lugar de veneración a la Señora a la que se le dio el título de «Madre de la Buena Salud», *Arokia Matha*.

El grupo de seres de luz en el que está la diosa Isis protege el templo porque la zona de Vailankanni fue una de las más afectadas por el gran maremoto del 26 de diciembre de 2004. Cuando el mar entró en la ciudad había en el santuario 2.000 peregrinos participando en la

Santa Misa. Milagrosamente las aguas no entraron en la basílica, mientras que otros edificios que están en el mismo nivel sobre el mar, aun más distantes de la costa, quedaron destruidos. Según el reportaje de la BBC, el santuario fue el único edificio de la ciudad que escapó de la catástrofe.

6. Sidney en Australia

En 1820 el padre John Therry llega desde Irlanda a Australia, impulsado por el transporte de convictos. Llega a un país sin sacerdotes, donde la fe católica se mantenía gracias a la aparición de la diosa Isis. Los lugareños estuvieron muchos años hablando sobre esa aparición y así la tradición convergió hasta crear una gran devoción a la Virgen María a través del rezo del rosario.

El padre Therry, ante tanta devoción a la Virgen María, aportó su semilla para construir una iglesia católica en Sidney, y así creció el fervor hacia María Auxiliadora.

El nombre de Auxiliadora no es nuevo y era ya conocida en los primeros siglos de nuestra era por las primeras comunidades cristianas. En numerosas inscripciones cristianas encontradas en los territorios de hegemonía griega se encuentran dos títulos con los cuales se referían a la Virgen María: uno es Teotokos, Madre de Dios, y el otro es Boeteia, Auxiliadora.

La piedra fundamental de la iglesia de Santa María se colocó en 1821 y se terminó en 1882.

7. Fátima en Portugal

Fátima está localizado en la Cova de Iria, a 11 kilómetros de la ciudad de Ourém, a 120 kilómetros de Lisboa y 180 kilómetros de Oporto.

En 1917, tres niños de diez años, Lucía y sus dos primos, Francisco y Jacinta, llevaban pequeños grupos de ovejas a pastorear a parcelas pertenecientes a sus padres en diferentes partes de la sierra, el altiplano en el que se encuentra el pueblo de Fátima, y Aljustrel, donde vivían los niños. En estos lugares presenciaron varias apariciones de la diosa Isis y desde entonces se conoce a los tres niños como los «tres pastorcitos».

La aparición de Nossa Senhora de Fátima, como le llaman, produjo en ellos un enorme sentimiento de felicidad interna, paz y gozo. Les trajo una sensación de expansión y libertad, y no tuvieron dificultad para hablar con ella; había más bien un deseo de comunicarse.

A partir de esas apariciones Lucía ingresó al convento carmelita de Coímbra y escribió sobre los mensajes que les dieron. Parece ser que hacían referencia a profecías apocalípticas. Isis les avisaba de las guerras que llegarían.

33. EL POZO

En uno de los capítulos anteriores os había contado mi recurrente imagen del pozo y la obsesión que había tenido por buscarla. No era la primera vez que las señales me llevaban por caminos equivocados, o que simplemente mi percepción y mi entendimiento se perdían por otros derroteros.

El Arcángel Metatrón me había hecho caminar por diferentes senderos para que poco a poco pudiera recorrer y aprender por mí misma los distintos tipos de señales.

Dada la tendencia que tenemos los humanos a buscar todo fuera olvidando nuestro mundo interior, para resolver el caso del pozo siempre acudí a la parte física y terrenal del objeto, cuando no tenía nada que ver con eso. El hecho de que pudiera existir físicamente el pozo no significaba que ahí estuviera la respuesta y lo que me querían transmitir era más una simbología o metáfora.

El pozo en sánscrito se denomina *pûy, put* y *pantas*, que viene a significar profundidad o abismo. Esa profundidad hay que buscarla en uno mismo.

En las grandes culturas, el pozo era utilizado como un elemento de iniciación y el Arcángel Metatrón me aconsejaba que me iniciara en esa búsqueda del cuerpo astral mirando en lo más profundo de mi cuerpo. Dentro de nuestro cerebro físico está la glándula pineal, que es el lugar por donde el cuerpo astral ha entrado.

De alguna manera el cuerpo astral estaba representado por ese pozo al que el humano tiene miedo de asomarse. Asomándonos a ese pozo, a una distancia de abismo, percibimos en un círculo estrecho el mundo inmenso.

Una de las maneras que tiene la tradición budista de describir al humano es imaginándolo en el fondo de un pozo. La posibilidad de salir, de ser libres, es la Iluminación, estar fuera del bosque, libres del *Samsara*, cerca del *Nirvana*.

Algunas personas se enfrentan a sí mismas y buscan respuestas en su cuerpo astral, saliendo del cuerpo físico y haciendo viajes astrales, enfrentándose a su miedo a la muerte. Otros, en cambio, buscan con la glándula pineal a través de grandes meditaciones para encontrar esa iluminación.

En Egipto y en América aparecía el pozo como prueba para que el iniciado se enfrentase a sus propios miedos e hiciera crecer el valor en él.

A nivel psicológico el pozo se relaciona con lo inconsciente, lo oculto, lo que se esconde y es inaccesible en la vida cotidiana.

De una manera u otra, el Arcángel Metatrón estaba dispuesto a contarme lo que significaba realmente el pozo y me transmitió lo importante que podría ser para los humanos llegar al fondo del mismo para adquirir unos dones que, según él, llegando a lo más hondo se podrían llegar a tener.

Entre esos dones estaban la clarividencia y la posibilidad de contactar con los espíritus. Además, se podría llegar a sanar cualquier cosa que surgiera a través del cuerpo energético. Todo tenía que ver con las cualidades del cuerpo astral, esa parte que no conocemos y no sabemos utilizar.

Cuando tenía 17 años, muchas noches experimentaba muchos episodios en las que mi cuerpo astral quería salir del chakra del plexo solar, o *manipura*, para abandonar el cuerpo físico y humano. Pareciera como si una parte de mí quisiera hacer viajes astrales para contactar con diferentes seres de luz y conocer nuevas dimensiones. Más adelante he descubierto que no se necesita abandonar el cuerpo; basta utilizar la meditación y dirigir la atención al chakra corona o *sahasrara*.

El Arcángel Metatrón nos anima a explorar esa parte desconocida que tenemos y así aprender a usar y sacar partido de todas sus cualidades.

34. EL CAMINO

A lo largo de estos ocho años, el Arcángel Metatrón me ha estado preparando para seguir el camino y abrirles a otros el sendero que va a la luz. Por ello, en estos últimos años poco a poco me ha llevado a hacer una serie de trabajos que, sin darme cuenta, me ponían en el camino correcto.

Uno de los trabajos más importantes que realicé con Jon y con Delma fue en el pueblo de esta última y consistió en liberar a un grupo de niños y niñas que habían fallecido hacía muchos años y cuyos espíritus estaban atrapados. En este caso tuvimos que abrir físicamente una puerta para que pudieran salir guiándoles con mucho amor para que no tuvieran miedo y pudieran ser libres.

Muchos espíritus quedan inmovilizados y atrapados por miedo y necesitan ayuda para poder ir a la luz. La mayoría suelen ser niños que, incapaces de poder reaccionar, no se mueven del sitio.

El Arcángel Metatrón quiere que se les ayude para que puedan estar libres y en paz, pero para ello necesitan de la ayuda de los seres vivos porque muchas veces están encerrados en rocas, paredes o puertas que hay que abrir. Otras veces solo necesitan una mano amiga para que los guíe y acompañe.

En el capítulo de los rohigya, os había hablado de ellos, de cómo necesitan nuestra ayuda para poder ser libres. Aparte de la ayuda que todos conocemos, también necesitan apoyo para guiar y acompañar a los espíritus perdidos, atrapados y asustados. Muchos de ellos están atemorizados por todo el sufrimiento que han vivido y no pueden salir de sus escondites por miedo a lo desconocido. Necesitan un empujón para poder ser guiados a la luz y así ser libres y estar en paz.

El camino que me dibuja el Arcángel Metatrón consiste en abrir una senda para que otras tres personas sigan el mismo camino y así sucesivamente. Entre todos podemos ayudar a muchos espíritus atrapados y asustados.

La frase literal que el Arcángel Metatrón me dijo sobre el camino fue la siguiente: «Vamos a avanzar por un sitio, que un trío nos siga».

Después me explicó que era importante que tres personas que leyeran el libro siguieran este camino para ayudar a muchos niños que están atrapados y estos a su vez abrieran el camino a otras tres personas para que estas hicieran lo mismo.

Otra de las frases que me dijo literalmente, pues escuché nítidamente cada palabra, fue esta: «Antes ese crío debería huir».

Con esta frase se refería a otro trabajo que tenía que hacer antes de publicar el libro. Y por eso estamos yendo a otros lugares en los que sentimos la presencia de espíritus y así ayudar a ese niño.

El camino que el Arcángel Metatrón nos comunica es importante para ellos y para todos los humanos. Una mente abierta, la unión, la comprensión y el amor son primordiales para realizar estos trabajos.

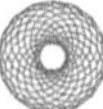

35. LAS ESTRELLAS

Durante siglos las estrellas han orientado al viajero nocturno, tanto en el mar, como en la tierra. Hay tantas que no se pueden contar, pareciendo infinitas. Conforme a las creencias de muchos pueblos, las estrellas son las almas de los difuntos que han quedado colgadas del firmamento para siempre y esa interpretación no está lejos de lo que me ha transmitido el Arcángel Metatrón. Según él, las estrellas, igual que el cometa Ison, son fruto de la unión de muchas conciencias y seres de luz.

Muchas estrellas, a través de la creación de muchos seres de luz, están dando luz y calor, creando un sinfín de nuevas vidas. Dentro de esas vidas puede haber todo tipo de seres vivos como los que conocemos en la Tierra y los que pueden existir en otros lugares del Universo.

Las estrellas son insignia de sabiduría y faro de conocimiento. Actúan según el macrocosmos donde se encuentran y por tal razón el microcosmos se ve directamente afectado por ellas.

Una de las estrellas más conocidas del cielo es la constelación de Orión y es visible a lo largo de toda la noche durante el invierno en el hemisferio norte y en verano en el hemisferio sur.

En la antigüedad, un gran número de grandes dioses provenían o representaban a algunas de las estrellas y planetas que por las noches brillaban con más intensidad.

Las pirámides de Egipto fueron creadas basándose en la constelación de Orión. Están alineadas imitando las tres principales estrellas de dicha constelación, el famoso cinturón de Orión, y además la pirámide de Guiza y sus corredores interiores tienen una especial correlación con Orión y con otras estrellas.

Las pirámides de México también tienen una alineación perfecta con las tres estrellas del cinturón de Orión.

En la constelación Canis Maior se encuentra otra estrella muy brillante que es Sirio, que también está muy ligada al antiguo Egipto.

Todas estas estrellas fueron construidas por un grupo de seres de luz que se unieron para crearlas. Dentro de este grupo de conciencias o seres de luz están Osiris, Isis y los demás dioses egipcios, además de otros más que no conocemos.

Todos ellos son seres de luz que pertenecen a las constelaciones del hemisferio sur.

La Unión Astronómica Internacional adoptó unas 88 constelaciones, un número que tiene mucho que ver con la metamorfosis de los cuerpos astrales que más adelante os contaré.

Los antiguos egipcios estaban muy evolucionados espiritualmente y contactaban con estos seres de luz con mucha frecuencia para que les guiaran y enseñaran. Por todo esto, los egipcios siguieron un plan premeditado para construir las pirámides con una orientación y un tamaño relativo para honrar y recordar a estos seres.

Ahora que la Era de Acuario se ha establecido y equilibrado en nuestra Tierra, los agujeros negros que se observan en el Universo están expulsando estrellas que habían absorbido anteriormente.

El Arcángel Metatrón me comunica que a partir de ahora podremos observar nuevas estrellas creadoras de vida.

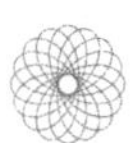

36. EL SOL

Todos conocemos a nuestro astro rey por excelencia, el Sol. Muchas épocas y culturas le han asignado su merecido lugar, pero ¿quién está detrás de ese Sol?

El Sol, al igual que el cometa Ison, se creó a partir de todos los seres de luz. Antes de ser humanos, todos nos unimos como seres de luz y con una chispa creamos nuestra llama del Sol. Toda nuestra luz en unión hizo que naciera el Sol, pero tras el surgimiento de los primeros *Homo Sapiens* evolucionados de los monos, la mayoría de los seres de luz tuvimos la curiosidad de fusionarnos y encarnarnos en ellos, creando a los primeros humanos. Al hacerlo olvidamos quiénes éramos y así empezamos a ser humanos y no divinos, aunque hubo algunos seres de luz que no quisieron ser humanos y se quedaron en unidad observando lo que los antiguos seres de luz hacían encarnados en humanos.

Los seres de luz nunca encarnados y que observan y están conectados con todo lo que quieren son los ángeles y los arcángeles que empezaron a darse cuenta de la maldad que había en muchos de ellos al ser y hacerse humanos. Cuando el cuerpo se quedaba sin vida, la mayoría seguía queriendo reencarnarse y seguir cerca de sus familiares. Poco a poco todos los seres de luz encarnados nos fuimos alejando y alejando más de nuestro hogar y de nuestra verdadera familia cósmica.

Pasaron muchos siglos hasta que algunas personas sabias y evolucionadas se dieron cuenta de su parte divina y consiguieron volver a casa junto con los demás seres de luz. Esos sabios fueron los 24 ancianos que conocemos del Apocalipsis, los primeros humanos en regresar a casa, a la luz y recuperar su divinidad. Ellos fueron quienes me visitaron el 21 de septiembre del 2012 para avisarme y notificarme la llegada del Arcángel Metatrón. Entonces no lo supe, pero hoy en día puedo decir que venían a avisarme de la venida del cometa Ison que habían creado para abrir el camino a la luz. Ellos venían a anunciarme la ansiada ayuda de las jerarquías de luz a los humanos para el 2020. Este 2020 en que la Tierra está preparada cósmicamente para recibir la comunicación de nuestra familia cósmica y divina.

Estos sabios, junto con los arcángeles y ángeles, crearon la jerarquía de la luz para nuestra galaxia y se aseguraron de que la vuelta a la luz solo pudiera hacerse cuando los humanos estuvieran preparados y evolucionados en bondad, humildad y amor. No es de extrañar que existan las jerarquías porque en la Tierra tenemos muchos sistemas y reglas para poder vivir, trabajar y estar en funcionamiento.

En el caso de los seres de luz, ocurre lo mismo. La vuelta a la unidad, al amor y al hogar no está permitida a la gente mala. Los humanos con bondad, humildad y paz muchas veces no están suficientemente evolucionados y no quieren alejarse de sus familiares humanos y siguen insistiendo en estar lo más cerca posible de ellos.

37. EL ORIGEN

Ahora que sabemos de la existencia de ayuda por parte de los seres de luz para el nuevo cambio podemos sentirnos afortunados por vivir esta época que nos toca. El 2020 va a ser el año de sembrar una nueva semilla para ayudar a encontrar el camino a la luz.

El Arcángel Metatrón ha venido de nuevo después de muchos años para ayudar y enseñar a los que vamos a abrir ese camino. Sus enseñanzas son un regalo divino y lo que me ha transmitido las últimas veces ha sido tan emocionante que voy a compartirlo con todos vosotros.

Estaba a mediados de agosto del año 2019 bañándome en el mar cuando el sol se estaba proyectando en el agua. El agua estaba transparente y en calma cuando me di cuenta de que unas esferas diminutas de luz alargaban sus rayos de luz para unirse entre ellas formando un sinfín de hexágonos. Todos los seres de luz que había se unían y dibujaban la «Flor de la Vida» en el agua. Era precioso verlo y ver como todos juntos formaban la luz del sol.

El Arcángel Metatrón me dijo que el origen de la vida era eso, la luz del sol y el agua. Todos los seres vivos se formaron a partir del agua y de la luz divina del sol creados por todos los seres de luz. Ellos y nosotros creando el Sol dimos vida a la Tierra a través del agua y así empezaron a surgir las primeras células vivas, las primeras plantas, los primeros animales y, muchos años después, los primeros humanos.

38. METAMORFOSIS

Escaleras oscuras que van ascendiendo a una gran luz que nos guía. Esa es la imagen que algunos humanos podrán ver en el momento de su transformación. Esa transformación podrá ser de un cuerpo astral a un ser de luz o de un cuerpo astral a otro cuerpo humano. En todos los casos hay una transformación y la imagen de la luz la tendrán todos aquellos que han tenido unos valores acordes con las jerarquías de la luz.

Todos hemos oído hablar de espíritus que están anclados o atrapados sin poder seguir adelante. Estos espíritus, por miedo o por otra serie de circunstancias, no se han dejado ayudar o guiar por los seres de luz para reencarnarse o ir a la luz, y por ello, transcurridos más de 88 años, se quedan como espíritus. Este número, como otros muchos más, tiene una razón de ser. El número ocho es el del cambio, el del renacimiento, el de la resurrección y vuelta a empezar, pero con otro ocho más hay un salto que te hace salir de ese infinito y te embarca en otro.

Siguiendo con los espíritus que se han quedado atrapados y asustados, Metatrón me comunica que los seres de luz suelen pedir ayuda a los humanos para que estos cuerpos astrales o espíritus se dejen guiar y acompañar a otros lugares más tranquilos y acordes con ellos, y así poder unirse a otros familiares y amigos.

Anteriormente he hablado de los rohingya y que muchos de ellos están atrapados y asustados sin moverse, y por eso es importante ayudarles antes de que pierdan la oportunidad de ir a la luz.

Ahora viene la pregunta que muchos se harán con respecto a las personas que han desvirtuado la palabra «humanidad» o han sido inhumanos. ¿Qué ocurre con ellos?

Según el Arcángel Metatrón, los seres de luz no se hacen cargo de ellos y dejan que deambulen como espíritus errantes durante toda la eternidad. No obstante, los cuerpos astrales que se quedan en el limbo, una vez pasados los 88 años se convierten en fantasmas. Uno de ellos, que en su última vida hizo muchas atrocidades en toda Europa, parece que tiene una legión de fantasmas detrás de él.

Centrándonos en los que sí ven la luz y han tenido una conducta humana y unos valores afines a las jerarquías de la luz, los que todavía necesitan evolucionar se reencarnan habitualmente cerca de sus familiares. Una vez que se deja el cuerpo humano, el cuerpo astral sale a través del chakra del plexo solar. La reencarnación se produce fusionándose con el cuerpo de un bebé a través de la glándula pineal que está en el cerebro y se tarda ocho horas en que esta fusión sea definitiva. El bebé normalmente se fusiona con el cuerpo astral en el transcurso de los primeros tres meses de vida.

En la muerte del cuerpo humano, la conciencia o cuerpo astral se libera y sale de la glándula pineal. Una vez fuera, dependiendo de la evolución que haya desarrollado en su vida humana, puede que le hagan esperar poco o hasta 88 años para reencarnarse en otro cuerpo o, en el mejor de los casos, si ha evolucionado, convertirse en un ser de luz y volar como una mariposa para llegar a la luz donde están los demás.

Muchas veces habremos oído que hay personas que pueden ver esos cuerpos astrales o «espíritus» que divagan o están cerca de sus casas esperando poder formar parte de otras vidas. También hay otros que no eligen dónde reencarnarse y son enviados según lo que la jerarquía de la luz decida.

Esta jerarquía y todos los seres de luz están en todo momento pendientes de nosotros para ayudarnos a volver al hogar, ya sea para reencarnarnos o convertirnos en seres de luz.

En el caso de que estuviéramos listos y hubiéramos evolucionado, entonces nos guiarían para prepararnos y unirnos a ellos para proceder a la metamorfosis. Para ello, el Arcángel Metatrón nos comunica que hay que ir a la luz, aunque sea difícil dejar a los familiares y amigos que siguen como humanos.

39. LA SIMBOLOGÍA DEL ARCÁNGEL METATRÓN

Uno de los mensajes más importantes que me ha dado Metatrón es sobre su simbología, una imagen que explica un sinfín de conocimientos interesantes sobre los seres de luz, la unidad, el amor y mucho más. Con esta simbología de Metatrón entenderemos muchas de las incógnitas que hasta ahora no habían sido descifradas. Llegar a ella no ha sido tarea fácil, pero Metatrón ha conseguido guiarme y enseñarme todo sobre él con mucha precisión. Para ello, primero necesito explicar una serie de conceptos sobre el símbolo de la «Flor de la Vida» y sus derivaciones.

LA FLOR DE LA VIDA

La «Flor de la Vida» es un símbolo tan antiguo y potente que se pierde en el origen de los tiempos. El primer símbolo de la «Flor de la Vida» apareció en un templo en Egipto, el templo de Osiris de Abydos.

Este grabado data de hace 6.000 años y sigue siendo un misterio cómo lograron acabados tan perfectos sin tecnología ni herramientas adecuadas.

La «Flor de la Vida» forma parte de la llamada «Geometría Sagrada», o lo que es lo mismo, la creencia de que existe una relación entre la geometría, las matemáticas y la espiritualidad. El tetraedro, el cubo, el octaedro, el dodecaedro y el icosaedro han nacido de la «Flor de la Vida».

La «Flor de la Vida» empieza dibujando un círculo central. Después se traza un segundo círculo centrado en cualquier punto del perímetro del primero. El resultado de la intersección de estos dos círculos se conoce como Vesica Piscis.

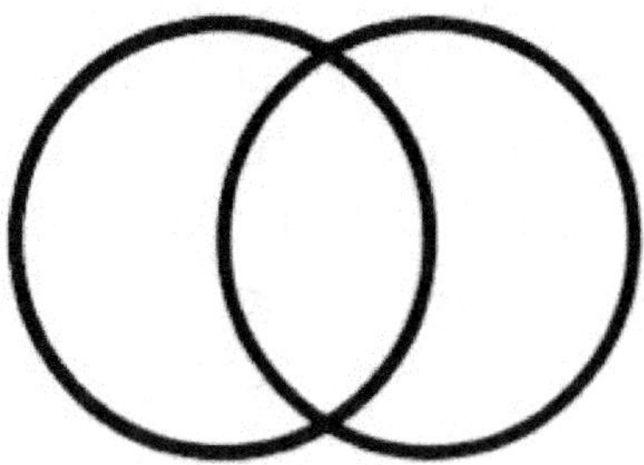

Los pasos siguientes consisten en dar la vuelta alrededor del círculo original, hallar el punto de intersección entre el círculo que se acaba de crear y el círculo original, y dibujar un nuevo círculo centrado en este punto. A esta figura se le llama la «Semilla de la Vida». La «Semilla de la Vida» es el origen de todo.

Los seis círculos exteriores de la Semilla de la Vida se interceptan en seis nuevos puntos. Estos son los centros de la siguiente iteración de círculos. El resultado final se conoce como el «Huevo de la Vida».

Partiendo del Huevo de la Vida, una nueva iteración dibujando círculos centrados en los puntos de intersección exteriores produce el patrón.

Así se completa la flor dibujando medios círculos centrados en los puntos de intersección de los círculos externos y en los puntos tangentes con el círculo envolvente exterior.

Los «pétalos» de las «flores» externas también se completan y se dibuja un segundo círculo exterior. El resultado final contiene 19 círculos completos, cada uno con una «flor» dentro.

La «Flor de la Vida» contiene un símbolo creado tras dibujar 13 círculos del que sale otro patrón llamado «el Fruto de la vida».

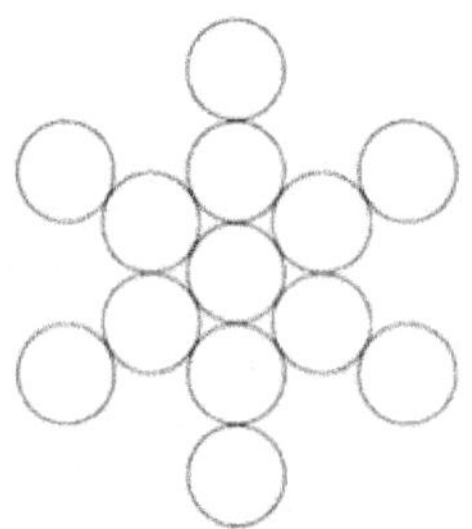

Este es el plan del Universo. Contiene cada uno de los átomos, estructuras moleculares, formas de vida y en definitiva todo lo que existe. Por lo tanto, todas las cosas que existen pueden ser construidas desde la forma de la Semilla de la Vida.

Estas Flor de la Vida, Semilla de la Vida, Huevo de la Vida y Fruta de la Vida se han encontrado en todo el mundo a través de los tiempos y en culturas que según parece nunca han tenido contacto entre ellas, tales como la de los antiguos egipcios, los celtas y los medievales.

La «Flor de la Vida» contiene toda la información sobre nosotros, sobre quiénes somos, sobre nuestro origen, sobre lo que verdaderamente somos.

Todas las formas de vida tienen campos de energía alrededor del cuerpo que se acoplan a esta geometría. Es el más significativo de los símbolos de la Geometría Sagrada. Dentro de él se encuentra codificado el patrón de toda la Creación. Es un lenguaje universal que nos permite acceder al conocimiento ancestral que contiene la memoria celular.

La Geometría Sagrada es un lenguaje matemático perfecto que nos ayuda a entender la Unidad, el origen único de todas las cosas, lo que para algunos es Dios, el Gran Espíritu, el Infinito, la Madre Naturaleza, etc.

Desde el gran cosmos, las galaxias y las estrellas que giran alrededor de nuestras cadenas de ADN hasta los pétalos de las flores, las piñas, las ramas de los árboles, los cristales del diamante o las partículas vivas más minúsculas, todo se basa en los mismos principios de la Geometría Sagrada. Incluso en los enormes patrones resultantes del aplanamiento de los cultivos que han aparecido en diferentes partes del mundo llamados *«Crop Circles»* (círculos de las cosechas) aparece meticulosamente el diseño de la «Flor de la Vida».

LOS ARCÁNGELES

El símbolo de los arcángeles viene inspirado a partir de la figura del «Fruto de la Vida», compuesta por 13 círculos encerrados o unidos por un hexágono. A través de ese patrón, los trece círculos nos muestran la fuente de la sabiduría que tienen los arcángeles, y por otra parte el círculo cerrado representa la perfección, la unidad, lo absoluto y lo espiritual.

Los centros de cada circunferencia le van dando forma a un cubo y este se compone de un total de 78 líneas. Este cubo fue ideado por todos los arcángeles para poder ayudar a los seres humanos en su proceso de ascensión celestial.

Dentro de la distribución del cubo podemos observar un tetraedro que apunta hacia arriba y hacia abajo para conectar el Cielo con los planetas, en nuestro caso la Tierra. Una conexión total que tienen exclusivamente los arcángeles con cualquier ser viviente y ser de luz.

Los arcángeles supervisan la vida misma en su forma energética, la cual contiene todas las figuras geométricas creadas durante la divina creación de todo. Por ello se compone de cada una de las formas que se pueden encontrar en el Universo.

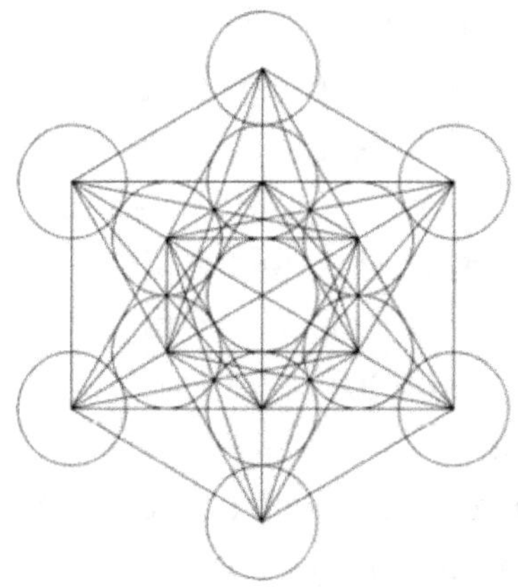

EL HEXÁGONO

La «Flor de la Vida», aparte de los 19 círculos completos del mismo diámetro, tiene 36 arcos circulares que forman un conjunto de forma hexagonal.

La forma más común de la «Flor de la Vida» es el patrón hexagonal. La «Semilla de la Vida» está formada por siete círculos colocados con simetría séxtuple formando un patrón de círculos y lentes que actúa como un componente básico del diseño de la «Flor de la Vida».

El 6 es el número creador por excelencia y toda la geometría sagrada está relacionada y nace a partir del número 6. En el hexágono, la longitud de los lados coincide de forma exacta con el radio del círculo que se traza alrededor suyo.

La naturaleza utiliza como base de construcción de patrones el número 6 y el hexágono. Sobre todo lo podemos encontrar en las formas inorgánicas como los cristales de los minerales, los copos de nieve, la estructura atómica de elementos como las columnas solidificadas del basalto, etc. Esta predisposición de la naturaleza a compactar las cosas en paquetes hexagonales produce un orden interno y externo eficaz.

En la forma de nuestro Universo el 6 también parece fundamental, ya que designa las 6 direcciones naturales donde estamos atrapados en un Universo de 6 vectores: delante, detrás, izquierda, derecha, arriba y abajo.

Por tal motivo, el 6 representa las relaciones entre el micro y el macro, entre lo de arriba y lo de abajo, entre el Cielo y la Tierra.

Si superpones un mapa con la «Flor de la Vida», todos los sitios sagrados, monolitos, rocas, círculos de piedra, etc. se asentarán en el centro de las seis extremidades.

La red de energía planetaria se basa en la «Flor de la Vida» y en el hexágono o hexagrama. El diámetro del primer círculo lo calcularon mediante la elaboración de una línea de Orkney a Stonehenge. Muchos de los sitios sagrados más antiguos se encuentran en el centro de los seis puntos.

Hasta en el planeta Saturno, cuando la sonda Voyager pasó y tomó unas fotografías de su polo Norte, lo que vieron nítidamente fue un hexágono.

La geometría hexagonal es esencial para la vida, tanto orgánica como inorgánica. Las bases del ADN son hexagonales y muchas moléculas bioquímicas también lo son. Las abejas, como comentaba en un capítulo anterior, construyen celdas hexagonales en sus colmenas y eran sagradas para los egipcios.

EL ROMBO

Después de hablar sobre el hexágono y el número 6, el Arcángel Metatrón me pidió que juntara seis hexágonos de la «Flor de la Vida» y observara detenidamente lo que sucedía.

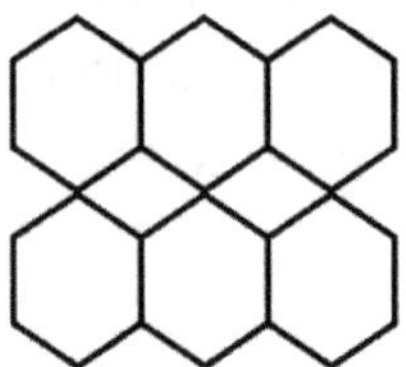

Me di cuenta de que esas seis figuras formaban dos rombos con su unión, y así me empecé a percatar de lo que me quería transmitir.

El rombo está compuesto por dos triángulos equiláteros y representa la dualidad de la existencia, el triángulo superior el aspecto positivo y el triángulo inferior el aspecto negativo.

Es una figura especialmente popular dado que posee un movimiento que la vuelve más impactante que otras como el cuadrado o el círculo.

Lo podemos encontrar en la letra del antiguo alfabeto rúnico llamado «ingwaz» o en la forma del diamante, que ha sido apreciada desde la antigüedad porque dura para siempre, simbolizando la eternidad y un estado superior alcanzable por el ser humano que culmina con la adquisición de habilidades físicas y espirituales superiores. En el sufismo se le conoce como «el cuerpo del diamante», en taoísmo «el cuerpo de luz» o «cuerpo arcoíris», en Vedanta «el cuerpo radiante», en el gnosticismo «la gloria de todo el Universo» y «el cuerpo dorado», en el budismo tibetano «el cuerpo de la dicha», en

Kriya yoga «el cuerpo inmortal», en hermetismo «el cuerpo superconductor», en la tradición alquímica «el cuerpo astral», y así hasta un sinfín de nombres. Realmente la palabra diamante proviene del griego y significa «auténtico», «inmutable», «indestructible» e «indomable».

Simbólica y metafóricamente el proceso del diamante y del cuerpo astral son similares porque los dos tienen un refinamiento continuo del cuerpo hasta que este sea tan ligero y etéreo que se convierta en una forma espiritual. Solo se puede alcanzar abandonando las percepciones limitadas del cuerpo, pasando a un estado superior de conocimiento.

El cuerpo de diamante está de forma potencial dentro de cada uno de nosotros. Todos los seres humanos poseemos esta habilidad con la cual es posible transformarse en un ser eterno, como la oruga en una mariposa. El símbolo de la mariposa para los nativos americanos, en forma de diamante, transmite elementos de renacimiento, revitalización y metamorfosis.

El símbolo de diamante/rombo es uno de los símbolos más poderosos del inconsciente humano colectivo.

LA CRUZ

Ahora vamos con el último símbolo que me ha comunicado el Arcángel Metatrón. Este último símbolo tiene muchas derivaciones, pero nos vamos a centrar en una. Para ello vamos a omitir los rombos y a juntar los puntos de las intersecciones de los hexágonos, formando una línea vertical y otra horizontal que la cruza.

De esas dos líneas, observamos como nos aparecen las dos cruces, cada una con sus cuatro aspas del mismo tamaño.

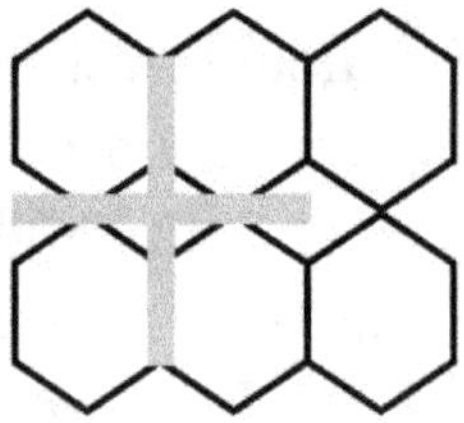

La línea vertical es positividad, *yang*, energía eléctrica, las ideas, lo abstracto, la mente y la conciencia. La línea horizontal es la negatividad, *ying*, magnetismo, lo concreto, lo terrenal y el cuerpo. Las dos líneas forman la Cruz Estática; se estabilizan y equilibran mutuamente, y expresan la reflexión antes de la transformación.

La cruz con las mismas aspas representa al amor creador incondicional. Una representación de las energías creadoras de Dios, Amor Puro Infinito. Toda la Creación parte del Creador y forma parte de Él.

La cruz griega –tal y como se la conoce por tener la misma longitud de brazos en los dos lados– es utilizada por la antigua sabiduría como reflejo de los principios herméticos de polarización y del propio origen del mundo y del Universo. Un origen entendido como acto de consciencia perfecta y concentración absoluta del Ser Uno: consciencia y concentración que es quietud y movimiento, que se manifiesta en la emanación y expansión de la esencia del Ser Uno y del verbo a ella asociada.

La cruz es la simplificación más absoluta del símbolo. Es la concentración en estado puro y con sus atributos simbólicos de paz, armonía, perfección, equilibrio y profunda sabiduría sobre el origen mismo de la Creación.

La cruz griega es un símbolo mágico muy poderoso. Representa las cuatro estaciones, las cuatro direcciones, los cuatro vientos o los cuatro cuartos del círculo mágico. De derecha a izquierda el símbolo representa energías curativas, y de arriba abajo y de izquierda a derecha representa la destrucción de las energías negativas.

La cruz siempre ha sido un símbolo importante, tanto para el mundo cristiano como para otras civilizaciones como la egipcia, la china, la celta, la india, la griega, y las preincaicas de América, entre otras. El cristianismo ha destacado el simbolismo de la cruz a través de la crucifixión. A nivel simbólico, la cruz representa la muerte del hombre a merced del espíritu, que encuentra su sitio tomando tierra a través de ese punto central que equilibra fuerzas y sintetiza aprendizajes.

EL SÍMBOLO DEL ARCÁNGEL METATRÓN

La simbología del Arcángel Metatrón no viene de una explicación, sino más bien de una comprensión y meditación sobre él. Para intuir espiritualmente lo que me quería decir, primero tuve que interiorizarlo ya que los símbolos son una vía útil de trasmisión de saberes, intuiciones e inspiraciones espirituales.

A tal efecto era importante conocer y comprender los conceptos anteriormente explicados y así dejarme guiar por el Arcángel Metatrón para que me pudiera mostrar mejor quién era y lo que representaba. Ahora solo faltaba recurrir a las enseñanzas que me había ido enviando a lo largo de estos ocho años. Con ese fin me aconsejó que utilizara los números que me había ido mostrando.

Volviendo al dibujo anterior, primeramente dibujé los seis hexágonos del símbolo de la «Flor de la Vida» para llegar al punto donde lo habíamos dejado. Recordando el concepto del rombo, visualicé que aparecían dos rombos, y después, dejándome llevar por la energía de Metatrón, enfoqué mi atención en los puntos de intersección que los rodeaban, dando con los ocho puntos verticales que los atravesaban. Ahí fue cuando me di cuenta de que el número ocho, el del infinito, el de la renovación y la evolución, eran esos ocho puntos que me mostrarían el camino para conocer su figura, la del Arcángel Metatrón.

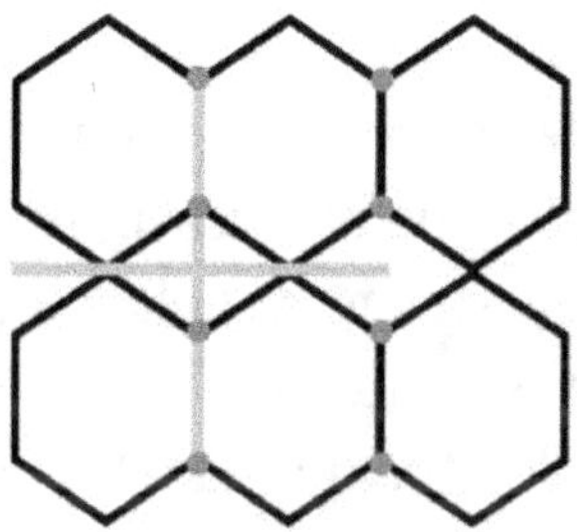

Después de localizar esos ocho puntos me acordé de lo que me había transmitido el Arcángel Metatrón sobre la humildad y la sencillez, y lo apliqué al punto en el que me encontraba en la figura, quitando y eliminando los seis hexágonos, es decir, la parte humana, la parte de la Tierra, la materia, y así me quedé con los dos rombos y sus líneas. Ese rombo que representa la parte más sutil e intangible que es la luz, la Creación, del que todo nace, como el sol, el cometa, como la sangre para los humanos o el órgano reproductor femenino para el bebé.

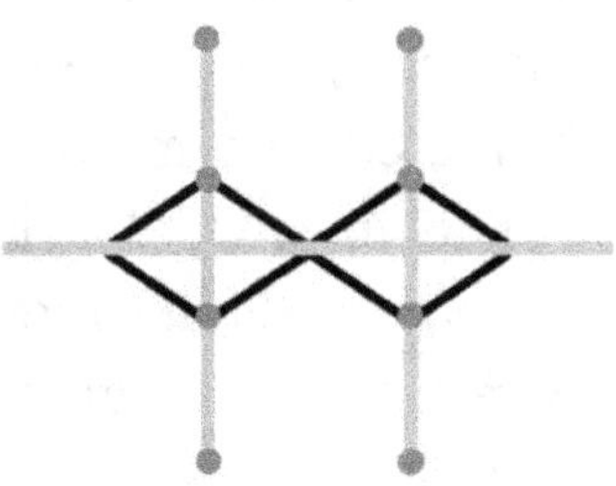

Estaba segura de que estaba muy cerca, lo sentía, notaba su amor y su calor, y así fue cuando estando enfrente de ella me pidió que contara sus líneas, esas líneas que atravesaban su luz, su rombo, su divinidad y su ser. Aquellas líneas que unían y juntaban al otro ser de luz.

El símbolo del Arcángel Metatrón estaba compuesto por dos rombos y dos cruces formadas por los ochos puntos de las intersecciones de los rombos y sus doce lados.

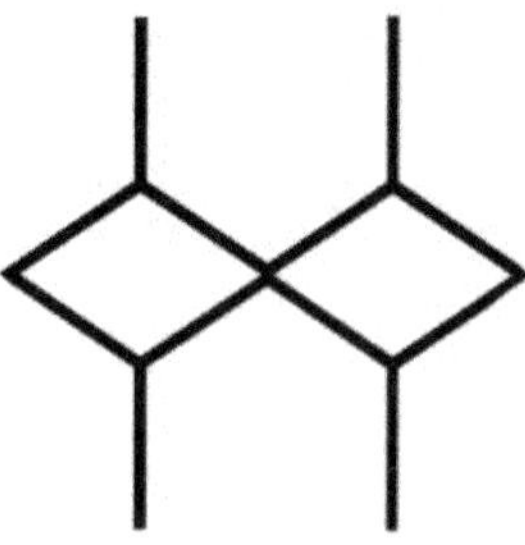

La simpleza y al mismo tiempo la complejidad de su simbología me dejaron maravillada. Entendí que cada rombo con sus líneas cruzadas, es decir, con su cruz interna, representaba a un ser de luz o arcángel y que por ello se juntaban dos como símbolo de la unión de todos los que se habían agrupado para formar y crear al Arcángel Metatrón. En la «Flor de la Vida» se ve la creación del Todo a través de la unión de todos los seres de luz, y por eso el Arcángel Metatrón ha querido mostrarnos su simbología, para hacernos entender que ellos han venido para guiarnos y abrirnos el camino a la luz, a la eternidad, a la unidad, a Dios.

40. LA SEMILLA

Este libro no puedo acabarlo con otro número que no sea el cuarenta. Especialmente en mi caso; estaba a punto de cumplir los cuarenta cuando el Arcángel Metatrón contactó conmigo y, tal y como las enseñanzas antiguas nos han demostrado con el número trece en la fuente de la sabiduría que mencionaban las letras hebreas, la suma de estos valores daba cuarenta.

Este último capítulo no significa que sea el final de la comunicación con los arcángeles sino más bien el inicio de una gran transmisión de conocimientos de las jerarquías de luz superiores. Yo sigo escribiendo todo lo que me van comunicando para poder plasmarlo en libros posteriores. Hay mucho que aprender de ellos, y parece que llegar a los arcángeles no es posible para el resto de seres de luz, ya que se encuentran en un plano superior al resto. Por eso quiero estar muy atenta a todo lo que me digan y me enseñen para que podamos aprender lo máximo posible de ellos. Todos ellos, los arcángeles, se unen cada vez que quieren crear al Arcángel Metatrón, para guiarnos y enseñarnos el camino a la luz. Pero muchos os seguiréis preguntando, ¿por qué Metatrón? ¿Qué significa en realidad?

La palabra Metatrón está directamente relacionada con la misión de todos los arcángeles y con el cometa Ison que entre todos ellos crearon para que en el año 2012 apareciera en nuestras vidas y nos iluminara el camino a la luz. La palabra «Meta» es el fin hacia el que se dirigen, su misión, y la palabra «Tron» es la herramienta o el instrumento que crearon para empezar dicha misión, que fue el cometa Ison.

Tenemos mucha suerte de estar en esta nueva era y poder tener la opción de aprender de los más grandes, los arcángeles. Llega el nuevo cambio, el gran despertar, y sobre todo la segunda venida colectiva que está a punto de surgir. La semilla del 2020 ha llegado y esto no ha hecho más que empezar.

www.ingramcontent.com/pod-product-compliance
Lightning Source LLC
LaVergne TN
LVHW010338200726
843507LV00010B/1544